Letras de Batalla

Treinta años (1995-2025)
de arqueología, patrimonio
y memoria urbana

L'EIXAM
EDICIONS

© De l'edició: L'Eixam Edicions
© Dels textos: Els autors
© De les il·lustracions: Els autors

Amb la col·laboració del
Centre d'Estudis Econòmics, Socials i Culturals
del País Valencià

Portada: Plànol de València d'Antonio Mancelli (1608).
          Museu Històric Municipal. Ajuntament de València

Disseny gràfic: Antoni Paricio

Edita: L'Eixam Edicions S.L.
Avinguda Ausiàs March, 38
Tavernes Blanques 46016
València
Tel. 961854314
e-mail: eixam@eixamedicions.com

Imprimeix: Fernando Gil S.A.

ISBN: 978-84-15180-94-4
Dipòsit Legal: V-4077-2024

Letras de Batalla

*Treinta años (1995-2025)
de arqueología, patrimonio
y memoria urbana*

Josep Vicent Lerma Alegría
Ricardo González Villaescusa

ÍNDICE

Nota de los autores

La colección de artículos de opinión que el lector tiene en sus manos es una selección aleatoria de medio centenar de textos periodísticos que entre los años 1995 y 2025, a lo largo de tres décadas, hemos venido construyendo y librando ocasionalmente a la opinión pública valenciana en las páginas del diario Levante – *El Mercantil Valenciano*, en columnas comunes como «Tribuna», «Ágora» o «*El Trinquet*».

La causa original de esta compilación a cargo de *L´Eixam Edicions* encuentra su razón de ser en la jubilación forzosa de uno de nosotros el arqueólogo Josep Vicent Lerma Alegría en marzo del nefasto 2020, momento en el que el actual catedrático de arqueología de la *Université Paris Nanterre* Ricardo González Villaescusa, en discreto contubernio con el entonces director de Levante-EMV Julio Monreal, comenzó a maquinar secretamente para recuperar de la hemeroteca de la Biblioteca Valenciana de San Miguel de los Reyes los correspondientes documentos PDF de los mismos para una eventual edición casera de calidad, con vistas a convertirse en un regalo literario a desvelar, en ocasión de dicho retiro laboral, en un acto público de prevista celebración en el Club Diario Levante.

Pero la irrupción sin previo aviso de la pandemia del COVID-19 truncó todos aquellos planes que ahora hemos querido retomar de la mano de *L´Eixam Edicions*, pasados los años y en unas circunstancias distintas, en formato de obra impresa y ello porque a pesar de los avances de las nuevas tecnologías el libro en papel sigue demostrando su superioridad como superviviente histórico frente a los blogs digitales, los cuales con frecuencia dejan de estar operativos en la red, resultan con los años prácticamente inaccesibles o cambian de dirección electrónica como la web del conocido colectivo Terra Crítica: terracritica.pepei.webs.upv. es/articles.php?idioma=_v

Letras de Batalla. Treinta años (1995-2025) de arqueología, patrimonio y memoria urbana acota en sus páginas las principales temáticas de interés profesional de los autores, con los que puntualmente han colaborado otros investigadores como el historiador Francisco Monfort, el documentalista Iván J. Ribera Torrentí o el arqueólogo Josep A. Gisbert Santonja.

La mayor parte de estas colaboraciones mediáticas están escritas habitualmente en castellano y en menos de diez ocasiones hemos optado indistintamente por el valenciano como lengua vehicular, en función de la temática tratada o el contexto temporal en que llegaron a los kioscos.

En cuanto al hilo conductor de los titulares y contenidos de estas entregas en exclusiva para Levante-EMV. Fundamentalmente se trata de las reflexiones de dos estudiosos de la arqueología, Josep Vicent Lerma y Ricardo González Villaescusa, mantenidas a lo largo de los últimos 30 años sobre la política científica, la gestión del patrimonio histórico en general y del arqueológico en particular, con especial atención a la ciudad de València y al País Valenciano, en las que desfilan en segundo plano personajes y coyunturas de su historia coetánea.

Tareas sostenidas básicamente a lo largo de dos grandes ciclos políticos desiguales 1995-2015 conservador y 2015-2023 progresista, de 20 y 8 años respectivamente.

En este orden de cosas hay que reseñar nuestra cooperación temporal entre los años 2001 y 2007 (págs. 29, 32 y 35) con el activista *Col.lectiu Terra Crítica* y a partir del inicio de la segunda década del siglo XXI, con la puesta en marcha autónomamente del proyecto del blog de pensamiento crítico y debate «PLAVDITE CIVES», todavía consultable on line hoy en día, donde acababan recalando nuestras contribuciones al ideario colectivo como la titulada "La Resurrección de Lázaro (II)" (pág. 45), que resultó ser, a modo de ejemplo, el tercero más votado del día 1 de agosto de 2010 por los lectores de Levante-EMV o también "Las goteras de la Casa de Dios" (pág. 53) quinto artículo con más voto en el Levante-EMV del 30 de diciembre de 2011.

La cerámica romana de la plaça de les Aules

Llega a nuestras manos no sin cierto retraso, una información publicada en Levante de Castellón el 26 de diciembre de 1994, en relación con la cronología romana de la fundación de Castellón. En ella se argumenta con endebles principios científicos que la ciudad de Castellón es una fundación romana; situación suscitada por la aparición de vajilla cerámica de esta fecha y condición cultural en *Les Aules*. Si bien este argumento positivo es sólido e irrefutable, pues la aparición de objetos de una determinada antigüedad fecha los estratos y lugares donde éstos son encontrados, las consecuencias derivadas del mismo son de rigor científico dudoso. La aparición de cerámica de una fecha determinada sólo indica que en ese lugar hubo una presencia del grupo cultural que la produjo, pero esa actividad queda por definir mientras no se encuentren los contextos arquitectónicos ligados a la misma. En otras palabras, la cerámica romana podemos encontrarla en barcos romanos hundidos en el Mediterráneo; en ciudades del mismo origen; en villas y establecimientos rurales; pero también en colecciones museísticas de los Estados Unidos; y allí nunca llegaron los romanos del siglo I o II d. de C.

En resumen, para defender una ciudad romana en el subsuelo de Castellón de la Plana, se nos antoja imprescindible encontrar vestigios, cuanto menos denotativos de la actividad urbana de esa urbe: viviendas, calles, edificios públicos, y un largo etc. que sí encontramos en otras ciudades de la zona como Valencia, Sagunto o Llíria.

Como no es este el caso, a juzgar por el artículo, los argumentos a favor de una Castellón romana se buscan en una ciencia auxiliar: tan ambigua como es la metrología; y tan recurrida cuando no existen más argumentos. J.P. Adam (conocido especialista de la arquitectura romana) demostró la inconsistencia de las demostraciones petrológicas al uso entre la pseudociencia esotérica, y con complicados cálculos matemáticos, puso en evidencia que el kiosco próximo a su casa de París, estaba cargado de una fuerte significación simbólica, apoyándose exclusivamente en los cálculos generados por las dimensiones básicas de esa construcción (del estilo; *altura / anchura x pi = a la distancia entre la luna y el sol en momentos de plenilunio,* lo que nos remitiría, sin la menor duda a la época de las cruzadas y al grial en menos tiempo que se escriben estas líneas).

La metrología, por sí misma, no explica ningún hecho histórico y menos cuando no es convenientemente contrastada con datos arqueológicos o historiográficos. Es suficiente ojear una publicación de metrología agraria para darnos cuenta de que frecuentemente las medidas de superficies agrarias se repiten y coinciden entre culturas distantes, en el tiempo y en el espacio, debido al condicionante técnico que las generan. Una yunta de bueyes puede arar aproximadamente una longitud de 35 metros sin fatigarse. En consecuencia, esa cifra y otras próximas se repetirán a lo largo de la Historia en culturas distantes mientras las condiciones técnicas de partida no cambien o los bueyes, tras laboriosos ejercicios gimnásticos, consigan adiestrar sus músculos y aumenten la capacidad física con la que nacieron.

A esta cifra de 35 m no eran ajenos los romanos, aunque para ellos, eran 120 pies (de 29 cm de longitud cada uno); pero este hecho no impide que también fuera la dimensión de la unidad agraria elemental del Ampurdán en época medieval, por no citar más que dos ejemplos de fechas distintas. También es conocido el caso de un autor que encontró un parcelario *romano* en la cuenca del Sena porque identificó (lo cual es un hecho irrefutable) un parcelario fuertemente regular, cortado en líneas perpendiculares y cuyas dimensiones principales coincidían con una métrica romana.

Podemos concluir que la argumentación petrológica debe de ir fuertemente sustentada por un conocimiento exhaustivo de la metrología local a lo largo de la historia de la región de estudio; evitando de esta manera confundir sistemas agrarios dispares en su ejecución pero coincidentes en sus cifras. Sin olvidar que la coincidencia es debida a nuestra traducción al sistema métrico decimal vigente, pues para un romano, nuestros 35 metros no eran sino un *actus de 120 pedes*, mientras que para un gerundense medieval la *quartera* tenía 35 *canas* de lado.

Mayor ignorancia muestran los estudiosos de los que desconocemos su nombre cuando intentan comparar el parcelario de Castellón con el que los romanos ponían en práctica. La milla romana es una medida de longitud, pero nunca lo fue de superficie agraria; del mismo modo que nosotros medimos la distancia entre Alicante y Valencia en kilómetros, y la superficie de un campo de fútbol en hectáreas, y no al revés. La centuria es una superficie de 710 x 710 metros, fruto de la conversión del *actus quadratus* (35x35 m) en su múltiplo; el *heredium* (2x2 actus quadratus): unidad mínima agraria de transmisión hereditaria entre los romanos que repetida 100 veces (10x10) da lugar a la estructura intermedia que es la *centuria*, y la práctica de esta parcelación es conocida como centuriación. Sistema agrario que no es el único, si el más conocido y practicado por los romanos en su expansión imperial por la cuenca del Mediterráneo. Pero de entre todas las restantes formas de parcelar que practicaron: estrigaciones, escampaciones, centuriaciones de distinto módulo (1420x710 m. en Mérida), no conocemos ni una sola estructura agraria romana de 700 m. subdivididos en espacios cuadrados de 350 m y tampoco la conocían los propios agrimensores romanos que escribieron sus propios manuales de formación compilados en el *Corpus Agrorum Agrimensorum*. El sistema agrario descrito y descubierto en Castellón responde a grandes bandas de 700 m subdivididas en otras de 350 m compartimentadas en otras más estrechas que tienen como base métrica la unidad de 35 m, fenómeno de coincidencia métrica histórica que ya condujo a error a quienes se sintieron atraídos por la imagen aérea que produce la visión del espléndido parcelario detectado en la zona comprendida entre Castellón, Vila-real, Nules...

Se ha escrito tanto sobre la problemática de las centuriaciones que nos cuesta creer que los estudiosos no han reparado en ello. Pero aún nos cuesta más creer que desconocen los dos artículos consagrados a los parcelarios de la zona, publicados en los años 70 y 80 por A. López Gómez y A. Bazzana, que en su momento creyeron que eran centuriaciones romanas.

A esta cita no podía faltar la toponímia como argumento contundente, y cada 500 pasos vemos desfilar topónimos de evidente raíz local: Lairon, Borriolene, La Salera o el Fadrell (sic); el catastro de Castellón se llama *Llibre de les Quadrelles*, lo que para los estudiosos es una prueba de origen romano (¿); sin querer entrar en detalle sobre las haciendas romanas con un poblado (son haciendas o poblados?) con iglesia (?) y acequias Mayores en funciones de ríos fundacionales, como si los antiguos no supieran qué es una acequia y qué un río, por pequeños que éstos sean en nuestras latitudes.

Llegado este momento quisiéramos recordar al lector algunas consideraciones históricas:

1.- Castellón es una fundación medieval de Jaime I (siglo XIII).
2.- La toponímia argumentada es vernácula.

3.- La metrología y acondicionamiento formal agrario de la zona no es romano.

¿No estaremos en presencia de un parcelario medieval en torno a una zona donde las fundaciones cristianas medievales son abundantes?. Por una simple razón de economía interpretativa y porque los parcelarios existen e incluso se conocen los agrimensores medievales como *Bertrand Boysset* de finales del siglo XVI cuyo manuscrito teórico se encuentra en la Biblioteca Municipal de Carpentras. ¿Por qué buscar longevos y remotos antecedentes si Castellón y otras ciudades del entorno tienen unos rasgos históricos definidos y precisos que las hacen dignas de ejemplos de los manuales universitarios de la forma urbana y del urbanismo medieval?. Si todos los argumentos conducen inequívocamente a una cronología medieval, ¿por qué unos fragmentos de cerámica tienen que cambiar lo evidente?. Sin menoscabo de que en el subsuelo del solar de Castellón de la Plana hubiera un establecimiento agrícola que precediera a la ciudad en once o doce siglos y que ahora unos estudiosos han exhumado, convirtiendo la fundación de Jaime I en fundación romana; los campos en millas y los metros cuadrados en longitudes…

(*Levante-EMV de Castellón, 16-01-1995*).

12

La nueva Ley de Patrimonio Cultural

En vísperas del trámite parlamentario de la ley del patrimonio cultural (LPCV), que ojalá esté llamada a levantar el entusiasmo de los valencianos, llega esta siempre aplazada ley al palacio de Benicarló tal vez sin el suficiente debate, necesariamente enriquecedor, de los agentes implicados en el día a día de la gestión de ese mismo patrimonio, entre los que se encuentran colectivos profesionales tan cualificados como los representados por los colegios de arquitectos o de doctores y licenciados de la Comunidad Valenciana, así como aparentemente también las propias corporaciones locales, a las que por otra parte se les encomiendan importantes responsabilidades con respecto al patrimonio cultural valenciano, fundamentalmente en sus manifestaciones urbanísticas.

Esta ley del patrimonio cultural valenciano, tras la aprobación de las específicas del País Vasco (1990) y Cataluña (1993), es el primero de los códigos autonómicos de tal género que se presenta con posterioridad al cambio político español, por lo que necesariamente ha de convertirse en un indicador privilegiado de la sensibilidad de los nuevos gobernantes hacia estas temáticas. Si bien el texto sometido próximamente a la consideración de las Cortes Valencianas tiene bastante de patchwork de documentos anteriores, parece finalmente haber dado paso a una redacción legal de corte antiintervencionista inspirada de algún modo en modelos neoliberales como el británico, que a lo largo de su articulado desgrana su apoyo a los titulares privados de obras de arte (muebles/inmuebles), al tiempo que en lo concerniente a su expolio y/o exportación remite a la ley del patrimonio histórico español (LPHE) de 1985, desconfiando en última instancia de la eficacia correctora de la imposición de cualquier tipo de sanción coercitiva por parte de la Administración autonómica.

En esa misma línea argumental, y en lo que se refiere al patrimonio arqueológico de las ciudades históricas y espacios humanizados valencianos, hace recaer la financiación de los estudios previos, excavaciones y memorias exigidos por ella en los promotores de obras o transformaciones territoriales, de acuerdo con la carta de Malta, sin apenas organismos de control científico intermedios o participación municipal en la gestión de la materia tratada, que no es otra que el legado histórico colectivo de nuestra propia sociedad y sus raíces culturales.

Asimismo, la LPCV contempla la clasificación de los bienes de interés cultural (BIC) o los bienes inventariados (BI) como inmuebles, muebles e inmateriales, lo que crea un modelo fijo, en el que difícilmente pueden tener acomodo realidades espacio-temporales de gran complejidad, como las que constituyen la propia huerta de València o el palmeral de Elche, con aspectos, entre otros muchos, como el desarrollo temporal de su parcelario, la molinería hidráulica o el regadío histórico, que constituyen un patrimonio cultural específicamente valenciano, siempre amenazado por las expansiones ilimitadas de las conurbaciones metropolitanas.

Por lo demás, denota en su artículo 39 d) una mayor flexibilidad que la ley estatal, al posibilitar las reconstrucciones totales de monumentos cuando «el conocimiento documental suficiente de lo que se haya perdido lo permitan», en tanto que la LPHE sólo autoriza la estricta anastilosis.

En su título IV dedicado a los museos y colecciones museográficas permanentes, se detecta un cierto vacío funcional, al no haber determinado sus redactores la creación de un cuerpo facultativo de conservadores, similar al adoptado en su día por la Junta de Andalucía. Pudiendo reseñarse, en general, la voluntad del legislador en este campo, contraria a la disgregación de los repertorios museísticos-muebles.

Para finalizar estas reflexiones en torno a la futura LPCV, no podemos por menos que explicitar nuestra confianza en que la elevada dotación presupuestaria necesaria para la puesta en vigor de esta ley y los organismos previstos en la misma, tales como la junta de valoración de bienes o el denominado registro de anticuarios, estimable en más de 4.000 millones de pesetas, no la convierta de facto en mero papel mojado, en la medida en que la Generalitat Valenciana consiga destinar a dicho objetivo el previsto 1% del capítulo de inversiones reales de su anual ley de presupuestos.

(*Levante-EMV, 05-09-1997*)

Josep Vicent Lerma

14

El patrimonio construido y la nueva Ley

La reciente aprobación por las Cortes Valencianas de la ley del patrimonio cultural valenciano (LPV) (ley 4/1998) en pleno extraordinario celebrado en el emblemático monasterio de Santa María de la Valldigna y el establecimiento en su artículo 38 de los preceptivos criterios por los que habrán de regirse las intervenciones rehabilitadoras de monumentos y jardines históricos me han motivado a ordenar pensamientos y análisis personales dispersos en torno a las problemáticas patrimoniales de tres conocidos monumentos y conjuntos históricos valencianos aprovechando el vacacional *ferragosto*.

En este sentido, el nuevo texto legal no deja de tender puentes a la rehabilitación pública de la atrevida intervención de los clasicistas G. Grassi y M. Portaceli en el teatro romano de Sagunto, en tanto en cuanto en su artículo 38 d) autoriza las reconstrucciones totales de un bien cultural cuando «*el conocimiento documental suficiente de lo que se haya perdido lo permitan...*», a diferencia de la taxativa prohibición de las mismas, de raíz ruskiniana, presente en la normativa estatal (ley de patrimonio histórico español 16/1985), ajustándose igualmente a la exigencia de que «*el tipo de reconstrucción y los materiales deberán permitir la identificación de la intervención...*», en este caso, el ladrillo de la *scaena* y el travertino de la *cavea*.

Por lo que se refiere a los bienes de interés cultural (BIC) clasificados como conjunto histórico, la aplicación de la ley de patrimonio cultural valenciano a la decisión final del gobierno municipal de prolongar linealmente la avenida de Valencia al Mar o de Blasco Ibáñez, mediante el *sventramento* del Cabañal modernista y popular, técnicamente descartado por el pretigioso arquitecto J. Arnau, no deja de arrojar dudas razonables sobre las cautelas legales exigidas por la puesta en práctica del procedimiento administrativo necesario para la ejecución de una tal opción urbanística, y ello en la medida en que el PGOU de 1988 contempla al ortogonal conglomerado del Cabanyal-Canyamelar como conjunto histórico protegido.

Siendo ello así al modesto juicio de quien esto suscribe y valorándose en el nuevo texto legislativo valenciano dichos conjuntos como una «*agrupación de bienes inmuebles, continua o dispersa, claramente delimitable y con entidad cultural propia...*» (artículo 26 b), los posteriores planes de ordenación previstos en la legislación urbanística que afecten a bienes inmuebles declarados de interés cultural se deberán ajustar necesariamente a los términos de su declaración como conjunto (artículo 34.1), estipulándose que solamente podrán dejarse sin efecto en virtud de decreto del Gobierno valenciano, previa tramitación del preceptivo expediente, incoado con los mismos requisitos y garantías exigidos para su declaración, y con los expresos informes de dos instituciones consultivas (artículo 30). Complejo itinerario procedimental que requeriría dictámenes favorables de beneméritas instituciones como el Consell Valencià de Cultura o la Real Academia de Bellas Artes de San Carlos, con personalidades como S. Aldana o A. Gómez-Ferrer, cuyos criterios académicos *a priori* no cabe presuponer necesariamente coincidentes en esta materia con los del edil de Urbanismo M. Domínguez.

En otro orden de cosas, y para no alargarme más de lo necesario, en relación a las sugestivas propuestas –divulgadas por la prensa local- de reconstrucción del magnífico patio renacentista del palacio del Embajador Vich en la ampliación del Museo de Bellas Artes de San Pío V, únicamente parecería conveniente alertar aquí sobre cómo tanto la *Carta de Venecia* como la *Carta del Restauro* prohíben la recolocación de los monumentos en lugares distintos de los originales.

Tesis avalada por la ley valenciana en su artículo 38 c) al considerar los bienes inmuebles de interés cultural como inseparables de su entorno, salvo que resulte imprescindible por causa de interés social o fuerza mayor, por lo que una oportuna consulta jurídica previa sobre los elementos arquitectónicos actualmente dispersos de dicho monumento podría ahorrarnos a todos eventuales polémicas posteriores a cuenta de la pertinencia o no de su anastilosis en las nuevas salas de la primera pinacoteca valenciana.

(*Levante-EMV, 03-09-1998*)

Josep Vicent Lerma

¿Qué fue de los Baños del Almirante?

Los supuestos baños árabes del Almirante de Valencia fueron objeto, entre los años 1991 y 1993, de importantes intervenciones arqueológicas cuyos objetivos no eran otros que conocer en profundidad la realidad arquitectónica de los parámetros de dicho edificio balneario, declarado por el Consell bien de interés cultural (BIC) en 1990, como etapa previa a su definitiva restauración.

Considerados desde Laborde hasta entonces como el único ejemplo de construcción civil perteneciente al momento islámico conservado en pie en la ciudad de Valencia, las citadas investigaciones le arrebataron tal condición, asignándole una fecha de construcción de principios del siglo XIV, ya en un momento plenamente cristiano-medieval, lo que evidentemente no le resta un ápice a su valor patrimonial, sino todo lo contrario, al posibilitar su nueva adscripción al desconocido contexto cultural del mudéjar local, en el que se incluiría asimismo el primitivo Almudín valenciano.

Comenzadas las labores de restauración en el ya lejano año de 1994, el proyecto entonces en curso contemplaba la restitución de la desaparecida columnata del vestuario, derribada en el año 1800, utilizando para ello fustes de piedra no originales, que dejando a un lado la prohibición taxativa de las reconstrucciones de bienes culturales inmuebles que determina la ley de patrimonio histórico español (ley 16/1985), todavía pueden verse hoy sin armadura o forjado alguno, junto a las abovedadas salas contiguas del propio baño. Y ello a pesar de las declaraciones efectuadas a Levante-EMV en el año del Señor de 1996 (martes 27 de marzo) por el arquitecto Higinio Picón, jefe del Servicio de Gestión Inmobiliaria de la Conselleria de Hacienda, en las que se anunciaba la prevista recuperación definitiva del estado original del monumento a finales de aquel mismo año.

Casi tres largos años después, los baños del Almirante, desprovistos de su portada neomudéjar, muestran en la actualidad una lamentable imagen externa de aparente abandono y paralización, con provisionales cubiertas de uralita, tapiados de ladrillo e improvisadas puertas de madera, tras las que se vislumbran algunas de las nuevas columnas con capiteles lisos, de las diez programadas inicialmente en el proyecto rehabilitador.

Presente situación que para mayor abundamiento contrasta con el creciente interés patrimonial que estas arquitecturas vienen despertando en el ámbito estatal entre aquellos sectores implicados en el fortalecimiento del denominado turismo cultural, como potencial fuente de ingresos económicos de los conjuntos urbanos y centros históricos. Tendencia palmariamente ejemplificada en las I Jornadas de Patrimonio Histórico. Baños Árabes. Arqueología y Restauración, celebradas en Ronda (Málaga) en octubre de 1998.

Por todo lo cual, a la luz de tal estado de cosas, y toda vez que los técnicos del Ayuntamiento de València han demostrado sobradamente su solvente competencia profesional en el acondicionamiento arquitectónico y puesta en valor museográfico de enclaves como la denominada cripta de la cárcel de San Vicente, las ruinas romanas de la Almoina o la futura galería del Tossal, parecería conveniente iniciar una serena reflexión sobre la conveniencia de implementar una posible solicitud de cesión de uso de los baños del Almirante en este sentido que redundara en su siempre pospuesta recuperación e integración patrimonial, de acuerdo con lo previsto en el artículo 90.3 de la ley del patrimonio cultural valenciano (ley 4/98), sobre el uso de inmuebles de titularidad pública, en el que se establece que «*las administraciones públicas, cuando sea conveniente para la mejor conservación, restauración y promoción de los bienes inmuebles incluidos en el inventario general del patrimonio cultural valenciano de que sean titulares, podrán ceder el uso de tales bienes, incluso de los declarados de interés cultural, a las personas o entidades que lo soliciten y garanticen adecuadamente el cumplimiento de los fines mencionados*». Lo que parece ajustarse como anillo al dedo a la problemática patrimonial de este injustamente olvidado monumento valenciano.

(*Levante-EMV, 07-08-1999*)

Josep Vicent Lerma

¿Qué fue del Circo Romano de València?

Tras la publicación del artículo «*The discovery of a monumental circus at Valentia*» en la prestigiosa revista estadounidense *Journal of Roman Archaeology* por parte del investigador Albert Ribera, el mejor arqueólogo de Valencia en palabras del periodista Ferran Belda, y transcurrido más de un año desde entonces, tal como daba cuenta un «*Vaivén*» de *Levante-EMV* de 3 de febrero de 1999, sin que se hayan producido avances sustanciales en el conocimiento arqueológico de este grandioso hipódromo romano ni en sus niveles legales de protección patrimonial, dado que por parte de las autoridades competentes en la materia no se ha iniciado expediente alguno de incoación como bien de interés cultural (BIC), parece llegado el momento de implementar un necesario ejercicio de reflexión colectiva sobre la cohabitación de dicho monumento en el contexto urbano de los actuales barrios de la Seu-Xerea y Universitat, así como sobre su posible incidencia en el próximo devenir de los mismos.

En este sentido, los trabajos arqueológicos reglamentarios motivados por las obras de urbanización de la plaza de Nápoles y Sicilia que tuvieron lugar en el año 1994 no dejaron de estar ciertamente condicionados por el temor existente en *regidoria* del ex delegado de urbanismo valencianista y actual arquitecto en ejercicio J.M. Castañer, al escenario indeseado de *una nueva Almoina*, entonces en situación de barbecho, con los consabidos retrasos en la finalización de las mismas, optándose definitivamente por la renuncia efectiva a la recuperación e integración arqueológica de un tramo del graderío occidental y de una considerable parte de la mismísima arena del circo. *Síndrome de la Almoina*, que vino a tomar el relevo mediático del anterior *Síndrome del Palau Reial* vigente entre los años 1986 y 1990, marcando la pauta canónica de buena parte de los posteriores proyectos reurbanizadores del centro histórico de Valencia en los que se ha impuesto como norma unas relaciones claramente autistas entre las formas históricas de la ciudad subyacentes y las actuales remodelaciones en superficie, como las ejemplificadas por las cubiertas de losas de las plazas del Arzobispo-Almoina, eufemística *epidermis protectora del substrato cultural* que ocultan eficazmente la planta de la catedral visigoda y el probable lugar de enterramiento de San Vicente Mártir, o la del Collado, en la que un críptico olivo para los no iniciados en los arcanos masónicos de los alarifes ha venido a reemplazar supuestamente a la memoria de la traza física de la antigua

Llotja de l'Oli trecentista, o por los futuros diseños urbanísticos de plazas como la del Ayuntamiento, en los que brilla por su ausencia en la gran explanada el más mínimo guiño simbólico a las formas de la gran iglesia monástica o del doble claustro del histórico *Convent de Sant Francesc*.

Estrategias urbanísticas que contrastan sonoramente con las llevadas a cabo por una ciudad de tipo medio como es la de Tarragona. La antigua Colonia Urbs Triumphalis Tarraco, que, por medio de su vigente Plan General de Ordenación Urbana (PGOU) y su correspondiente Plan Especial para el Centro Histórico, ha apostado decididamente por armonizar la recuperación del monumento clásico con la vida de la ciudad. Ésta en los últimos años ha esponjado varios miles de metros cuadrados de edificaciones que cubrían buena parte de la recuperada y musealizada cabecera del circo, estableciendo normativamente los principios que regulan la convivencia entre el antiguo recinto lúdico y los edificios que lo colonizan. Criterios que han consistido fundamentalmente en la individualización de áreas musealizables del mismo, y de espacios donde, en cambio, ha primado la incorporación de sus restos a otros usos y actividades económicas tales como las desarrolladas por restaurantes, cafeterías, tiendas de almonedistas o *pubs*, manteniendo íntegro el contemporáneo tejido urbano edificado.

Escenario real palmariamente dialéctico con el de los barrios por los que se extiende el –más virtual que otra cosa, casi diríamos de papel– circo de Valentia, del que únicamente se ha conservado visualizable un manipulado paramento de *opus caementicium* del cubículo de la calle del Mar, 34. Toda vez que el posterior posicionamiento de las administraciones implicadas se mostrara contrario a la musealización de su cabecera aparecida en 1995 en la calle de San Juan de Ribera. Estado de cosas nítidamente ejemplificado por la actitud como de andar por casa del en su día edil unionista S. Cerviño que previamente autorizó la prosecución de las indagaciones arqueológicas sobre este monumental edificio romano para espectáculos públicos de carreras de carros siempre que no se molestase a los vecinos: *«No voy a levantar toda la ciudad de Valencia para ver si está el circo romano ni ninguna otra cosa. Los valencianos no aceptan de buen grado que se agujeree Valencia por cuestiones arqueológicas»* (sic). (Levante-EMV de 9 de noviembre de 1994).

(*Levante-EMV, 22-02-2000*)

Josep Vicent Lerma

20

El paradigma de lo irrepetible

La publicación del solidario artículo del edil socialista José Sellés titulado «*Requiem por los chalés de Eugenia Viñes*» (Levante-EMV, 30-12-00) alertando justamente sobre la amenaza cierta de demolición de estas edificaciones que conlleva la actuación urbanística (PAI) gestada por AUMSA y del objetivo reportaje de Toñi García «*Adiós a las villas de la playa*», ilustrado con fotografías de José Aleixandre (Suplemento *En Domingo* de Levante-EMV, 7-01-01), en el que daba oportuna cuenta de la riqueza patrimonial de sus eclécticas arquitecturas, especialmente de la modernista casa de Demetrio Ribes de inspiración vienesa, suscrita por el prestigioso arquitecto Amando Llopis, en tanto según sus palabras «suma a su valor individual el contexto», nos han servido de estímulo para indagar en torno al proceso histórico de urbanización experimentado por estos parajes de la antigua Playa de Levante, frecuentados originariamente por calafates y «*mestres d´aixa*», comprendidos entre las acequias del «*Riuhet*» (C/ Doctor Marcos Sopena) y de «*En Gasch*» (Av. del Mediterráneo), así como en lo concerniente al conocimiento de los emergentes gustos artísticos de los arquitectos de estos conocidos hotelitos marítimos.

En este doble sentido es preciso comenzar apuntando que estos terrenos costeros, ganados al mar gracias a las sucesivas obras de ampliación del puerto desde 1852 hasta 1930 aproximadamente, en su calidad de zona "marítimo-terrestre" eran oficialmente de titularidad estatal, en concreto de la Jefatura de Obras Públicas del Ministerio de Fomento, al menos hasta 1923. Año en el que como resultado de las propuestas elaboradas en 1919 por la ponencia de la Comisión de Policía Urbana, con el fin de que la Corporación Municipal practicase todas las gestiones necesarias para que el Estado cediese la parte urbanizada de las playas, el Ayuntamiento entró en plena posesión de la zona "terrestre" de este litoral. Así, entre 1923 y 1925, bajo la Dictadura del general Primo de Rivera, las numerosas solicitudes de los propietarios de la calle Eugenia Viñes para legalizar sus viviendas, construidas algunas de ellas antes de 1899, poco después de la anexión del Pueblo Nuevo del Mar, fueron substanciadas administrativamente, ahora sí, ante la Municipalidad. Asimismo fueron abundantes las denuncias impuestas por el Inspector de Arbitrios en riguroso celo de estos nuevos derechos municipales.

Estas casas de recreo que formaban la línea de chalets extendida fren-

Chalet modernista de Demetrio Ribes. C/ Eugenia Viñes nº 95.

te a los carriles del tranvía y su sepultada rotonda por el, en nuestra modesta opinión, estéticamente autista proyecto actual de parking de J.M. Sanjuán, desde los posteriores Docks comerciales (1920) de Demetrio Ribes y Víctor Gosálvez hasta el recientemente enajenado Balneario de las Arenas (1888), siguiendo el preexistente muro de tapia de la estación de los ferrocarriles eléctricos, se levantaron en su mayor parte en la primera década del pasado siglo XX. Otras, no obstante, ya algo más recientes, son de los años 1925 o 1930.

Reformas constructivas más tardías como la agregación de porches y terrazas, ya en los primeros años de la instauración de la II República Española, requirieron de nuevas licencias de obras concedidas obligatoriamente por autorización de la alcaldía de Valencia, reforzando la consideración como auténtico "dominio privado" de estos suelos.

En lo referente al segundo objetivo propuesto más arriba, además de la anteriormente citada temprana actuación "secessionista" (1909) de Demetrio Ribes en el nº 95 de Eugenia Viñes, cuyas verjas de hierro recuerdan de cerca las de la Estación del Norte, las villas de la actual Playa de las Arenas vivieron entre 1925 y 1936 intervenciones de diversa magnitud de toda una generación de reputados arquitectos renovadores valencianos como Lorenzo Criado, Mariano Peset, Javier Goerlich, autor de la famosa "Tortada" de la Plaza de Emilio Castelar, el mendelsohniano Luis Albert, Ángel Romaní o el mencionado Víctor Gosálvez. Arquitecto este último cuyos proyectos evolucionaron desde el academicismo neobarroco de su poco conocida propuesta de 1922 para construir las casetas de baños y merenderos de obra en el actual Paseo de Neptuno, hasta el funcionalismo de los inconclusos Docks o menores ampliaciones de obra como terrazas sobre pilares de los años treintas, con amplia utilización de materiales modernos como el hierro y el hormigón armado.

Todo un legado patrimonial y una original división parcelaria catastral paradigmáticamente irrepetibles, testigos de la secular evolución urbanística de este singular enclave de la València marinera, creado por la voluntad expresa de la pequeña burguesía valenciana, que ahora el señalado al comienzo superfluo P.A.I. de AUMSA amenaza "de facto" en convertir en tabla rasa, por la vía administrativa de una inminente "reparcelación" forzada, borrándolos de la memoria colectiva de los valencianos hasta sus raíces.

Casuística edilicia que no deja de evocarnos por el contrario las virtudes del denominado «Estatuto de lo Urbano» del Plan Especial Villa de Madrid de 1978, según el cual se reconocía el derecho de cualquier zona urbana *a no ver incrementado, por medio de planeamiento alguno, su natural nivel de planeamiento, que es precisamente aquél en que originalmente se hizo"* o los alegatos del prestigioso urbanista Oriol Bohigas en defensa de las arquitecturas tradicionales, efectuados en el marco del pasado Congreso Mundial de las Artes.

(*Levante-EMV, 07-07-2001*)

Josep Vicent Lerma – Francisco Monfort

Las Arenas, el acceso norte y los vultúridos

Cuando aún resuenan las palabras de la ex directora de Patrimonio Artístico Carmen Pérez ponderando las analogías formales de las castigadas villas de la calle Eugenia Viñes en la valenciana playa de Las Arenas, donde aún se conservan raras columnas de fundición en el número 55 de la misma y artísticos guardapersianas igualmente de hierro colado en algunos otros números de policía (41, 89 y siguientes), con las reputadas como patrimonio cultural de la humanidad arquitecturas criollas del Malecón de La Habana, la adquisición formal de la controvertida condición, recientemente puesta en solfa por el Tribunal Superior de Justicia de la Comunidad Valenciana ante el Tribunal Constitucional, de agente urbanizador del PAI de la unidad de ejecución B en el pleno municipal de 30 de noviembre de 2001 por parte de la supuestamente dura de oído y corazón mercantil Aumsa, en materia de caballerías tales como la memoria popular de los valencianos, viene a materializar un nuevo golpe de tuerca a la incierta preservación física de estas típicas edificaciones irredentas del actual paseo marítimo vislumbrado por Colomina, surgidas precisamente a partir de la anexión en 1897 por parte de València del ayuntamiento constitucional de Pueblo Nuevo del Mar, cuyos trascendentes valores patrimoniales y emocionales ya fueron reivindicados con anterioridad en estas mismas páginas por concejales progresistas como José Sellés y expertos como Amando Llopis o Francisco Monfort (Levante-EMV, 30-12-2000, 7-1-2001 y 7-07-2001).

El *floruit* de este enclave marítimo se produjo al calor de los eventos de las exposiciones Regional y Nacional de 1909 y 1910, respectivamente, que impulsaron su desarrollo como colonia veraniega y emergente establecimiento litoral para el disfrute de los denominados *baños de ola*, del claro modo ejemplificado en una reveladora instantánea publicada por el cronista Almela y Vives en *La ciudad de Valencia a comienzos del siglo XX* (1964), donde ya se documenta la existencia allí de un novedoso gran tobogán espiral de madera y la emblemática pérgola de la Compañía de Tranvías eléctricos conocida como La Rotonda, histórica construcción hipóstila injustamente ignorada por la huera urbanización del actual *parking*, sucesora del apeadero de la pionera línea hipomóvil de 1887 desde la venerable estación ferroviaria del Grao (1858) hasta los baños flotantes de la Florida.

Escenario urbanístico perplejo al que han venido a sumarse la enaje-
nación del mítico balneario de Las Arenas y las vanguardistas piscinas
racionalistas de Gutiérrez Soto de los años treinta, huérfanas aún hoy
de un adecuado grado de protección arquitectónica, cuyo único y seve-
ramente degradado pabellón en forma de neoclasicista templo romano,
superviviente de los dos trazados originalmente por Iranzo a causa de
los asoladores bombardeos de la aviación legionaria italiana procedente
de Mallorca, tempranamente plasmados en la moderna obra pictórica de
Cecilio Pla, subsistirá penosamente oculto por la asfixiante inmediatez

Antiguo pabellón del balneario de Las Arenas

de un envolvente hotel de cin-co
plantas de altura dispuesto en U
para maximizar los aprovecha-
mientos inmobilia-rios, de pros-
perar el polémico estudio de detalle propuesto por sus actuales
legítimos propietarios la cadena
Santos (Levante-EMV, 27-12-
2001). Así como para mayor
inri el anteproyecto del Ministerio de Fomento para el globali-
zador acceso norte al puerto de
València por medio de onerosas
galerías subterráneas, émulo del
tristemente célebre túnel alpino
de San Gotardo donde recientemente perecieron calcinadas 16
personas en un pavoroso incen-
dio, amén de remedo retardata-
rio heredero de la desarrollista
autopista volante sobre la dár-
sena interior del PGOU fran-
quista de 1966, que serpentearía
por debajo de la avenida de los
Naranjos, la antigua *platgeta* de
Doctor Lluch y finalmente penetraría con una doble sinuosidad en los
arenosos terrenos ganados al mar de la antigua estacioneta de FEVE,
ahora destinados a albergar las extravagantes piscinas cubiertas del
Balcón al Mar, al parecer inspiradas en *La guerra de los mundos* de
H. G. Wells, abriendo de paso la caja de Pandora de una rumorología
apocalíptica económicamente devaluadora de las manzanas urbanas po-
tencialmente afectadas por el futuro trabajo de las máquinas tunelado-

ras y las aún topográficamente indeterminadas salidas de emergencia, ubicadas en principio cada 200 metros, oportunamente instrumentada por todo tipo de necrófagos foráneos atraídos por el presagiado festín inmobiliario.

En relación con todo ello, parece pertinente rememorar a modo de colofón los impecables argumentos *ad hoc* del prestigioso arquitecto Adolfo Herrero en el sentido de que en el futuro inmediato: «*la vivienda de nueva planta tan sólo debe contemplarse como fórmula excepcional, subsidiaria y complementaria de la rehabilitación de la ciudad histórica*» (Levante-EMV, 23-12-2001), en línea con la filosofía del Estatuto de lo Urbano del Plan Especial Villa de Madrid de 1978.

(*Levante-EMV, 08-02-2002*)

Josep Vicent Lerma – Iván J. Ribera Torrentí

52 | Comunidad Valenciana — Sábado, 29 de marzo de 2003 ■ Levante EL MERCANTIL VALENCIANO

OPINIÓN PATRIMONIO HISTÓRICO | JOSEP VICENT Lerma *

¿Qué fue del... búnker del Saler?

Transcurrido un lustro desde el redescubrimiento casual por las obras de regeneración litoral en los primeros días de 1998 del fortín de El Saler parece oportuno meditar de un modo sosegado sobre el futuro de esta singular obra de fortificación militar de la Guerra Civil española, soterrada provisionalmente bajo la arena, ahora que proliferan las iniciativas cívicas de la Asociación para la Recuperacion de la Memoria Histórica (ARMH), tales como las exhumaciones de fosas comunes de los desaparecidos republicanos en las localidades leonesas de Priaranza del Bierzo o Piedrafita de Bavia.

Se trataba de la «barbeta» de una pieza de artillería de costa con casamata superior y un auténtico dédalo de galerías subterráneas de unos 500 metros cuadrados, fotografiados por Kai Försterling y Ferran Montenegro. Todo ello sólidamente construido en 1937 con hormigón armado por no menos de 8.000 trabajadores sometidos a un estricto régimen secreto militar, bajo las órdenes del general Miaja y la dirección de técnicos valencianos del Departamento de Armamento y Construcciones de la II República Española, con el fin último de alojar un cañón Vickers Amstrong de 381 mm, recuperado ex profeso del acorazado

ENCLAVE MILITAR. Vista del cuerpo central del búnker de la playa del Saler, en Valencia.

→ «Cabría inscribir la reivindicación del indudable valor arqueológico de este singular enclave militar solicitando su perentoria protección»

Jaime I en aguas de Cartagena, concebido estratégicamente para hacer frente a un posible desembarco de las tropas de Franco acantonadas en Mallorca y a los bombardeos navales de los cruceros alemanes (Levante-EMV, 12-02-98).

Valiosos datos aportados en su día por el benemérito An-

drés Castellano Martí, presidente de la asociación Amigos del Museo Histórico-Militar, para el cual destruir este recinto de defensa costera «sería un nuevo ataque a nuestra historia....» (Levante-EMV, 27-01-98), exigiendo su conservación, frente a la dilettante autorización para su demolición por

parte de la ex Directora General de Patrimonio Artístico Carmen Pérez (Levante-EMV, 4-02-98), ante las tesis del entonces jefe de la Demarcación de Costas Manuel Fernández Arribas, según las cuales la preservación del mismo «no parece compatible con el proyecto» (Levante-EMV, 27-01-98).

Es precisamente en esa línea de recuperación de esa memoria escondida a todos los valencianos, en la que cabría inscribir en estos momentos la reivindicacion del indudable «valor arqueologico» de este singular enclave militar, solicitando de la administracion competente su perentoria catalogacion de oficio en el Inventario General del Patrimonio Cultural Valenciano, de acuerdo con la Ley 4/98 (LPCV), y su futura proteccion legal, asi como su rehabilitacion tematica con fines pedagógicos, antes de que el obligado traslado del polideportivo municipal a la zona de la nueva avenida de las Cortes Valencianas, convierta en definitivamente baldíos los civilizados esfuerzos encaminados a su postergada recuperación física, al modo de las reliquias de la Muralla del Atlántico de la II Guerra Mundial, transmutadas en un aliciente turístico más de la región francesa de Normandía.

*Arqueólogo.

¿Qué fue... del búnker del Saler?

Transcurrido un lustro desde el redescubrimiento casual por las obras de regeneración litoral en los primeros días de 1998 del fortín de El Saler parece oportuno meditar de un modo sosegado sobre el futuro de esta singular obra de fortificación militar de la Guerra Civil española, soterrada provisionalmente bajo la arena, ahora que proliferan las iniciativas cívicas de la Asociación para la Recuperación de la Memoria Histórica (ARMH), tales como las exhumaciones de fosas comunes de los desaparecidos republicanos en las localidades leonesas de Priaranza del Bierzo o Piedrafita de Bavia.

Se trataba de la "barbeta" de una pieza de artillería de costa con casamata superior y un auténtico dédalo de galerías subterráneas de unos 500 metros cuadrados, fotografiados por Kai Försterling y Ferran Montenegro. Todo ello sólidamente construido en 1937 con hormigón armado por no menos de 8.000 trabajadores sometidos a un estricto régimen secreto militar, bajo las órdenes del general Miaja y la dirección de los técnicos valencianos del Departamento de Armamento y Construcciones de la II República Española, con el fin último de alojar un cañón Vickers Amstrong de 305 mm. Recuperado ex profeso del acorazado Jaime I en aguas de Cartagena, concebido estratégicamente para hacer frente a un posible desembarco de las tropas de Franco acantonadas en Mallorca y a los bombardeos navales de los cruceros alemanes (Levante-EMV, 12-02-98).

Valiosos datos aportados en su día por el benemérito Andrés Castellano Martí, presidente de la asociación Amigos del Museo Histórico-Militar, para el cual destruir este recinto de defensa costera «sería un nuevo ataque a nuestra historia...» (Levante-EMV, 27-01-98), exigiendo su conservación, frente a la diletante autorización para su demolición por parte de la ex Directora General de Patrimonio Artístico Carmen Pérez (Levante-EMV, 4-02-98), ante las tesis del entonces jefe de la Demarcación de Costas Manuel Fernández Arribas, según las cuales la preservación del mismo «no parece compatible con el proyecto» (Levante-EMV, 27-01-98).

Es precisamente en esa línea de recuperación de esa memoria escondida a todos los valencianos, en la que cabría inscribir en estos momentos la reivindicación del indudable "valor arqueológico" de este singular enclave militar, solicitando de la administración competente su perentoria catalogación de oficio en el Inventario General del Patrimonio Cultural Valenciano, de acuerdo con la Ley 4/98 (LPCV), y su futura protección legal, así como su rehabilitación temática con fines pedagógicos, antes de que el obligado traslado del polideportivo municipal a la zona de la nueva avenida de las Cortes Valencianas, convierta en definitivamente baldíos los civilizados esfuerzos encaminados a su postergada recuperación física, al modo de las reliquias de la Muralla del Atlántico de la II Guerra Mundial, transmutadas en un aliciente turístico de la región francesa de Normandía.

(*Levante-EMV, 29-03-2003*)

Josep Vicent Lerma

¡Es la arqueología, estúpido¡

Parafraseando a Bill Clinton, uno no puede por menos que rememorar la entrañable biblioteca del benemérito Servicio de Investigación Prehistórica (SIP) de la Diputación de Valencia a lo largo de los años sesenta y setenta del pasado siglo XX cambalache, donde los inolvidables maestros de la arqueología valenciana D. Fletcher Valls y E. Pla Ballester compartieron sin mojigatería alguna los espacios de sus mesas de trabajo personales con investigadores, estudiosos y aficionados, en la planta noble del magnífico palacio gótico de la Bailía de la castiza plaza de Manises.

Eventualidad que permitió a los entonces universitarios como el que suscribe estas líneas -ventajas de haber vivido, frente a vidas vacuas como peces de hielo sabinianos-, compartir promiscuamente imborrables horas de estudio, sucedidos e impagables anécdotas vitales como la de aquel día en que la que la bonhomía del recordado sobrino del erudito y diputado fundador del SIP Isidro Ballester Tormo, le recordaba al más que pacienzudo gran iberista valenciano don Domingo, el modo en que la Reina Católica inventó la guerra química al no consentir cambiarse de camisa hasta la rendición postrera de los moros de Granada o como en sus palabras *"a tots els bobos els dóna pel mateix"*, en socarrona alusión a los sugestionados descubridores de extraterrestres representados en las pinturas rupestres levantinas de la *Cova de l´Aranya* de Bicorp, esotéricos signos lapidarios, ciudades perdidas como Tyris o imaginarias fortalezas romanas (oppidum) del 212 a.C. en los muros del setecentista Palacio del Temple, puro *"caldo de cap"*, en línea con el vetusto cronista regnícola Beuter que atribuía la fabulosa excavación de la Albufera al propio Escipión.

Progenie no sometida a proceso de extinción alguno, sino todo lo contrario, que ha continuado proliferado y medrando entre nosotros en fechas menos alejadas gracias a ciertos papanatismos de campanario.

Baste recordar trapisondas mediáticas como la del iluminado matrimonio Lemieux de pretendidos hispanistas en busca de la tumba perdida de Luís Santángel en el convento de la Trinidad; el intento de venta a la inefable García Broch por parte de un presunto descendiente de este Escribano de Ración de los RR.CC. vecino de Algemesí, de un inverosímil medallón reliquia, nada menos que de la Sábana Santa (Levante-EMV, 25-02-94), el "descubrimiento" de huellas de vértebras en este mismo Santo Sudario por miembros valencianos del Centro Español de Sindonología (Levante-EMV, 17-04-03), el apodo inaudito como "Dama de Paterna" de una arquetípica cabeza de un caballero con yelmo pintada en un plato del siglo XIV, exhibida sin rubor por media Europa por el *Consorci de Museus* -villa donde por cierto algunos desaprensivos utilizaron sin miramientos en 1997 cerámicas medievales para nivelar una paella-, la gótica testa pétrea del museo municipal de Vallada catalogada inicuamente como de época ibérica o las espurias inscripciones en lengua valenciana, dibujos, rostros de personajes grabados sobre meros pedruscos del cándido falsario José Gironés García, atrabiliariamente tenidas como de la dominación islámica, entre las que según la delirante crónica periodística de 1997 del plumilla Baltasar Bueno aparecía la figura de "*Tumir*" (sic), rey de Orihuela; escritura literalmente "cuniforme" (?) del año 1039; además de alucinados epígrafes naïfs como "*Eskola aula ab valentsya*"; la voluntariosa locución del "*byspe*" Elías: "*Bon susyt, Ana, ya llyts be veu, Señor*", o la devota leyenda "*Verxe Marya*", sobre la ingenua base de que «los documentos escritos pueden ser falsificados, pero las piedras no», merecedoras del valioso tiempo y la atención "gótica", en la feliz acepción de Jesús Civera, del propio Francisco Camps en su etapa de conseller de Cultura en 1997.

Capítulo privativo merecen algunos histriónicos personajes "*free lance*" o la desaprovechada vidente checa Vera Kalas, que con su péndulo bellota localizó con fe ciega el circo romano de Valentia, ahí es nada, bajo el museo de San Pío V y una nave romana cargada con los tesoros pertinentes para el pago de las legiones romanas en Hispania hundida frente a las costas de Puçol, donde se escondería el antiguo puerto de *Sucronium* (¿?).

Figura esta última, perteneciente a la afamada cofradía quiromántica de los radiestesistas, en la que se incluye igualmente el pertinaz cura zahorí de Altura, de eficacia probada en el rescate de mártires cristianos de la Guerra Civil, embarcado cual nuevo Jonás en la frustrada rebusca del manido sepulcro de San Vicente Mártir en el complejo monástico de La Roqueta (Levante-EMV, 14-12-02), que hasta el momento únicamente ha deparado un inoportuno esqueleto catalogado no sin cierta bien humorada retranca como "pre-musulmán".
Además de la propincua congregación de los autodenominados pe-

regrinos sufíes de la ruta de las estrellas, hipersensitivos a las energías subterráneas de los ocultos *maqams* (tumbas) de los *wallis* (santones), que pretendidamente ubican el féretro del maestro Moisés del siglo VIII, devoto fabricante de *espardenyes*, asombrosamente bajo la moderna fuente antropomorfa de la ermita de Santa Lucía de Valencia, obra de Gerardo Sigler.

Por último, no es posible terminar estas líneas escritas *"animus iocandi"* mediante, sin compartir con Andrea Carandini el magistral aforismo «no es necesario añadir imaginación a los sueños».

(*Levante-EMV, 21-01-2006*)

Josep Vicent Lerma
Col·lectiu Terra Crítica

Acueducto en Torre En Lloris (Xàtiva), bajo el paso del AVE.

Más allá del concepto de sostenibilidad, el de resiliencia: la perspectiva histórica en la ordenación del territorio.

La principal dificultad a la que se enfrentan las evaluaciones de impacto ambiental al uso es inscribirse en la dinámica social, especialmente en los largos periodos históricos. Los paisajes tienen características propias de sistemas auto-organizados como los describe E. Morin y, por tanto, se debe evaluar no solamente la eficacia de los planificadores a la hora de transformar los espacios, sino también la coerción que pueden ejercer los sistemas auto-organizados en el tiempo a través de sus propias mutaciones.

La creación de una nueva ordenación espacial origina nuevos flujos entre elementos espaciales diferentes, creando movimientos en el espacio, acortando distancias entre puntos distantes y distanciando poblaciones que estaban próximas por el efecto de una barrera, como una autopista, por ejemplo. Esas nuevas reorganizaciones espaciales tendrán con toda seguridad repercusiones sociales que necesitan ser reevaluadas a la luz de la permeabilidad o impermeabilidad de la nueva infraestructura introducida en el territorio.

La Arqueología junto a otras disciplinas convergentes está en condiciones de responder a las necesidades de la Ordenación del Territorio, permitiendo un carácter anticipatorio frente a las demandas sociales y evitando algunas de las consecuencias negativas de las reordenaciones del territorio (obras públicas, infraestructuras, PAI...). Los problemas se resolverán si somos capaces de responder a la pregunta ¿Qué queremos hacer con la información derivada del patrimonio y con el propio patrimonio? Si nos conformamos con una simple respuesta bienintencionada como es "conservar y conocer mejor los vestigios del pasado y nuestra historia" incluso con el esquema actual es insuficiente ya que no existe siquiera un modelo de gestión de lo patrimonial.

Si, de lo contrario, queremos proponer una *teoría de la gestión*, entonces parece imprescindible la definición desde la Conselleria de Cultura de un modelo y directriz general de los estudios de impacto arqueológico para su inclusión en los estudios de impacto medioambiental, admitiendo las siguientes premisas. En primer lugar, aceptar que los paisajes tienen una movilidad en la larga duración histórica y que son el escenario de procesos complejos a muy diferentes escalas. En segundo, realizar simulaciones retroactivas con datos reales originados en diferentes disciplinas (arqueología, ciencias de la tierra, ciencias sociales). En tercero, contribuir a la elección y decisión de políticas públicas de ordenación del territorio a medio y largo plazo. En cuarto, elaborar un tratamiento jurídico diferenciado que permita establecer criterios y grados de protección del patrimonio en función del papel morfogenético que cumplen o cumplieron en el territorio. Y, finalmente, determinar los casos en que la finalidad y forma de la ordenación del territorio podría ser dictada por los estadios antiguos o tradicionales del paisaje.

El principio de sostenibilidad cobra una nueva perspectiva cuando hablamos de las transformaciones en el paisaje a lo largo del tiempo, transformándose en el de *resiliencia*. El término *resiliencia*, utilizado por primera vez en la Física, ha pasado a ser usado en las ciencias sociales y humanas con el sentido de la capacidad de adaptabilidad de un sistema a las perturbaciones externas. En realidad se trata de una sensibilidad hacia la evolución dinámica y hacia la historia y no solamente a la del tiempo futuro. Si pretendemos realizar una evaluación de impacto de una nueva ordenación de un paisaje y queremos entender la forma en que las sociedades del pasado actuaron y las del futuro actuarán en el espacio, debemos reflexionar sobre la *resiliencia* (sostenibilidad) de las elecciones que se tomaron en el pasado y la capacidad de una estructura paisajística para absorber impactos, pero también, la capacidad de aprovecharlos e integrarlos, participando, desde ese momento en la propia historia de la estructura.

Una consecuencia derivada de lo anterior es la necesidad de abandonar la noción de "impacto". Este concepto presupone la ingenua idea de que los inconvenientes de cualquier acción humana sobre el medio son susceptibles de ser corregidos. La perversión consecuente es que si las actuales *reordenaciones* (ordenación presupone el error de que no existía un orden previo) del territorio se dan por hecho, los impactos se miden y corrigen por científicos aislados del tejido social..., no habiendo, pues, necesidad de provocar un debate público sobre la necesidad de la nueva infraestructura. La comunidad científica y los actores sociales deben crear nuevos procedimientos de debate científico y social que permita a los agentes sociales decidir con conocimiento de consecuencia (que no de causa) sobre su futuro, sobre la gestión de su espacio, sobre la dinámica de sus territorios y de sus ciudades.

(*Levante-EMV, 12-03-2006*) Col.lectiu Terra Crítica

Ricardo González Villaescusa

Sísifo o la contrarreforma
de la Ley del Patrimonio Cultural Valenciano

El lector avezado se desayunaba el pasado mes de abril de 2006 el sapo matutino de la redundante intención, con ribetes de *"remake"*, del gobierno valenciano de modificar por enésima vez, más concretamente la segunda en un mismo período legislativo (2003-2007), la Ley del Patrimonio Cultural Valenciano (Ley 4/98) (LPCV), gracias a los fundados reparos hechos públicos por el *Consell Valencià de Cultura* (CVC), afectando paradójicamente la nueva reforma sobre todo a artículos ya enmendados en octubre de 2004 como el 38 o el 39 (Ley 7/04). Escenario más propio del mítico Sísifo y en consonancia con lo manifestado en su día en esta mismas páginas por el fiscal del Tribunal Supremo Antonio Vercher en el sentido de que «No se pueden elaborar leyes de usar, comprar y tirar», en claro contraste con los veintiún años de fecunda estabilidad de la estatal Ley del Patrimonio Histórico Español (Ley 16/85).

En este orden de cosas, llama la atención la orfandad intelectual del "remiendo" legislativo ahora ya aprobado, pues si bien podría atribuirse alguna paternidad ideológica de la LPCV original a la ex Directora General de Patrimonio Carmen Pérez (1995-1999) o al actual conseller del "urbanismo sandía" E. González Pons, émulo de *"El Melonar de Valensia"* de Constantí Llombart, en el forzado zurcido de hace apenas dos años para dar cobertura legal al *"sventramento"* del Cabanyal o al por fortuna frustrado esperpento del Palacio de Congresos del Benacantil. Cambalache mediante de pactar la permisividad para intervenir en los Bienes de Interés Cultural (BIC) a cambio de salvar de la piqueta al teatro romano de Sagunt (Levante-EMV, 20-09-2003).

Los cambios jurídicos que ahora se pretende introducir relativos a la posibilidad real de efectuar reconstrucciones incluso totales de monumentos protegidos (art. 38.1.d) o la imposición del principio de armonización / adaptación de las nuevas edificaciones o rehabilitaciones con los inmuebles preexistentes (art. 39.2.i), hasta el punto de regular sus morfologías ornamentales y texturas materiales (art. 39.2.j), por mor de un obsoleto gusto historicista encaminado a convertir nuestros Centros Históricos en escenografías teatrales de puro cartón piedra -olvidando como para Adolf Loos y el movimiento moderno "el ornamento es delito"-, no parecen disfrutar de progenitura putativa alguna, más allá de la que administrativamente corresponde al conseller del ramo Alejandro Font de Mora.

Salvo que de dar gusto se trate a algún sector mediático local contrario a supuestos "pastiches" como la acristalada sede del Colegio de Abogados, obra de los arquitectos Ignacio Bosch Reig y Carlos Campos, en la valenciana plaza de Tetuán, como el representado por un gacetillero conservador que con motivo de la primera intentona popular de revisión parlamentaria, ya tildaba sin rubor el texto del 98 de *torpe ley de Patrimonio, que contrariaba su propio proyecto»*.

La metamorfosis copernicana experimentada ahora en la redacción de estos sobados artículos, contrasta sobremanera con la no tan lejana en el tiempo toma de posición pública del subdirector general del estatal Instituto de Patrimonio Histórico Álvaro Martínez-Novillo, en la época de la ultramontana ministra de Cultura Pilar del Castillo, interpretando la sentencia del Tribunal Supremo sobre el teatro romano de Sagunt como un *"hito legal"* encaminado a desterrar las reconstrucciones y *«las intervenciones miméticas o historicistas»* (sic) (Levante-EMV, 26-11- 2002).

No obstante a la vista del traje a medida del presente proyecto de ley, parece más plausible la hipótesis de una maniobra anticipatoria que pretenda poner la venda antes que la herida, en la osada deriva de potenciales excesos reconstructores emprendida en el Real Monasterio de la Valldigna, en semántico paralelo con la impostura identitaria porfiada a expensas de sus expoliadas piedras, o en el azulado *cortile* del embajador Vich del museo de Bellas Artes de Valencia, caso de que no se pretenda dar una salida airosa al lacerante anuncio de demolición de la rehabilitación de Grassi y Portaceli del mencionado teatro saguntino, que sigue escociendo al actual Consell.

Así, si el Patrimonio Cultural limita presuntamente el crecimiento económico y el desarrollo urbanístico insostenible de la Comunidad Valenciana, las leyes encargadas de su tutela se "adaptan" sin complejos a la nueva realidad sociológica e inmobiliaria, con cuantas innovaciones leguleyas sean necesarias introducir para asegurar una máxima discrecionalidad arquitectónica y administrativa de sus gestores temporales, merced el uso y abuso de todo tipo de fundaciones y demás ingenierías culturales.

(*Levante-EMV, 25-02-2007*) Col.lectiu Terra Crítica

La fabulosa búsqueda de los huesos de Luis Santángel

La flamante y extemporánea publicación por la Generalitat Valenciana en 2008 del abultado libro de actas *Lluís de Santàngel: Primer Financiero de América* (*America´s First Financier*), bajo el paraguas de la marca-logo Alicante 2008-2009, nada menos que diez años después de la celebración del ampuloso simposio Santángel 98 (Chicago, 23-26 de agosto de 1998), comisariado por un personaje impenitente de dudosa base científico-histórica como la profesora de lengua española de Illinois Kathleen E. LeMieux, con el aval protocolario de su *Molt Honorable President* y el soporte financiero de la misma, y no del antiguo Escribano de Ración de los Reyes Católicos, nos ha devuelto inopinadamente de bruces a una de las peripecias pseudo-culturales más negras de nuestra memoria colectiva cada vez menos cercana, que algunos ingenuamente creíamos ya superada, como fue el sonado escándalo público por la falsaria rebusca de los restos de Luis de Santángel, desarrollada erróneamente en la capilla de la Virgen del Rosario del Convento de la Trinidad entre el 13 de diciembre del año 1993 y enero de 1994, y de cuyos ignorados logros arqueológicos, por cierto, nunca más ha vuelto a tenerse noticia.

Trapisonda mediática protagonizada en primera persona por la ahora condenada al silencio de la *damnatio memoriae*, inefable regidora valencianista Dolores García Broch, asistida por un inaudito sanedrín de sabios acólitos integrado por el desaparecido abogado Vicente Giner Boira y el «agitador de extrema derecha» Juan García Santandreu (Levante-EMV, 22-12-93), reconvertido para la ocasión en improvisado cronista de los hallazgos que ineluctablemente debían producirse en el mencionado cenobio al socaire de las divagaciones mentales, en torno a los doce folios manuscritos del testamento de Santángel custodiado en el Colegio del Corpus Christi, del peregrino matrimonio compuesto por Charles y la susodicha Kathleen LeMieux, supuestos hispanistas por gusto norteamericanos, promotores de esta necrofílica empresa de opereta, de la que incluso llegaron a ser nombrados codirectores de la excavación. En este sentido y para meterse en harina, véase el impagable artículo periodístico del también ex concejal Feliciano Albadalejo «Indiana Broch y la tumba maldita» (Levante-EMV, 30-12-93).

Fiasco monumental que en la medida de nuestras fuerzas intentaremos describir siguiendo los pasos del exiliado cultural Francesc Viadel (2006) y la sucesión de antológicos titulares de prensa coetáneos. Así, en estas mismas páginas donde J. Monreal llegó a escribir en letras de molde en su profesional reportaje de los exitosos descubrimientos en el convento de la Trinidad: «Hallan la cripta en la que puede estar enterrado Luis de Santángel» (Levante-EMV, 16-12-93). Al día siguiente, la cosa subía de tono unos cuantos grados y se vendía a la prensa valenciana el humo del huero compromiso de los diletantes LeMieux para levantar un monumento con busto de Santángel en el centro financiero de Nueva York, ni más ni menos según ellos que con el apoyo de la Fundación Rockefeller (Levante-EMV, 17-12-93).

Sin embargo, ya el 18 de diciembre Levante-EMV formalizaba editorialmente unas primeras sospechas sobre la verdadera naturaleza de estos hallazgos y tan sólo cuatro días más tarde desenmascaraba el provinciano montaje santangelista con el demoledor titular: «Luis de Santángel fue enterrado en 1498 en Santo Domingo y no en la Trinidad»(Levante-EMV, 22-12-93). Gracias a las investigaciones del catedrático de Historia Medieval de la Universidad de Valencia Paulino Iradiel, que reveló irrefutables pruebas históricas de que «Luis de Santángel nunca estuvo enterrado en el convento de la Trinidad». Remachando el clavo un memorable artículo de opinión del propio Iradiel: «Sobre tumbas, conventos e historiadores» (Levante-EMV, 26-12-93).

Lúcido ejercicio intelectual sobre esta pueblerina «crónica de incompetencias», finalizado con una explícita crítica de los excesos de imaginación de los «historiadores áulicos y constructores de historias que podían haber sido».

A modo de corolario, podemos colegir, tres lustros después, el absoluto descrédito académico de los protagonistas de este ridículo sainete berlanguiano de «capillas rotas» en celebrada expresión de Ferran Belda, en el que algunos *outsiders* como los LeMieux, que ya habían intentado infructuosamente enredar al ex alcalde Ricard Pérez Casado en 1989, tras permanecer hospedados a mesa y mantel en un céntrico hotel de València (Levante-EMV, 26-12-93), hicieron mutis por el foro en enero de 1994 ante la opinión pública valenciana.

¡Como para regresar ahora sin sonrojarse, para exhibir a modo de trofeo las fotos ajadas de los despojos de la profanada cripta de la Trinidad en una publicación oficial!

(*Levante-EMV, 31-08-2008*)

Un Copenhague valenciano en la gestión arqueológica

La convocatoria del I Congreso Modelos de Gestión del Patrimonio Arqueológico en el siglo XXI, organizado por la nominal jefe del Servicio de Patrimonio Arqueológico de la conselleria del ramo, Consuelo Matamoros, con la intención confesa de cotejar las ópticas de los distintos operadores implicados en la gerencia del patrimonio arqueológico, tales como las administraciones en sus distintos niveles, empresas públicas y privadas (sic), obvia desde el principio a los departamentos universitarios y a los arqueólogos profesionales liberales.

Evento que debiera ser saludado, de entrada, como una meritoria iniciativa cultural en este segmento específico del patrimonio cultural, si no fuera por la falta crónica de desarrollo reglamentario de la Ley del Patrimonio Cultural Valenciano (Ley 4/98) y sus posteriores modificaciones, leyes 7/2004 y 5/2007. Produce perplejidad si nos atenemos a la inédita hoja de servicios en esta materia, manifestada hasta ahora por la Dirección General de Patrimonio Cultural Valenciano.

En este orden de cosas, no está de más recordar como esta *"rara avis"* congresual sobre los entresijos gerenciales de la actual arqueología valenciana, no deja de contar con el precedente de las Jornadas de l'Alfàs del Pi de 1994, en las que, bajo los auspicios de la arqueóloga Rosa Enguix, se trazaron las líneas maestras de nuestra arqueología de entonces, con aportaciones sobre la irrupción de la figura del arqueólogo "profesional" o las más recientes (2008) jornadas organizadas por la Sección de Arqueología del C.D.L., tituladas «Las relaciones institucionales y sociales de la Arqueología en la Comunidad Valenciana. Tiempo de soluciones».

Reunión que puso de manifiesto no sólo limitaciones materiales tales como la ausencia de convenio colectivo de los arqueólogos vernáculos, sometidos al del sector del ladrillo, sino también la proliferación de mercantiles arqueológicas como Arpa Patrimonio, Arx o Semar, S. L., en el día a día de las excavaciones de urgencia.

Asimismo la programación diseñada para este nuevo simposio apuesta implícitamente por un modelo de sufragio pecuniario privado y tramitación gubernativa, de corte neoliberal, soslayando la existencia de otros modelos basados claramente en la apuesta por el servicio público como el operador francés INRAP, que se ocupa de los trabajos arqueológicos de emergencia, mientras que la calidad científica de los mismos, la fiscalización y redistribución de la tasa arqueológica es asegurada por la propia administración.

Así, en consonancia con el pensamiento «débil» post-moderno denunciado por Alan Sokal, en ausencia de métodos eficaces aplicados a la corriente burocracia de oficio y donde prima el "todo vale", encuentran precisamente su interés la administración; las promotoras y las S.L. arqueológicas, a las que nada se reclama si en una prospección se ha pasado por encima de un yacimiento que nadie vio.

A modo de corolario y de acuerdo con el aforismo de que "lo que no son pesetas, son puñetas", los márgenes auténticos del modelo de papeleo actual y de la inexistente planificación arqueológica de la Conselleria de Cultura quedan desvelados por la realidad de las anoréxicas consignaciones presupuestarias de la *Generalitat Valenciana* para la recuperación del patrimonio histórico, que a modo de ejemplo en el ejercicio del año 2005 apenas incorporaba 95.000 caquécticos euros destinados a financiar intervenciones arqueológicas (Código línea T1617000). Cifra inicua si se compara con el millón de euros invertidos por la empresa municipal AUMSA en una sola excavación, la del célebre, por un día, parking de la calle Ruaya (Levante-EMV, 16-06-08 y 17-07-08).

Por todo ello, parece inevitable tener en cuenta las nuevas realidades profesional y de financiación de la arqueología, consolidadas al albur de la legislación vigente. El modelo de cotización económica privada imperante puede ser discutible, pero no es ni bueno ni malo en sí mismo, siempre y cuando no se pierda de vista que el promotor no puede ser garante de la calidad de los trabajos arqueológicos. En la coyuntura actual los resultados científicos dependen de las leyes del mercado, y no de un Consejo Asesor; de los caudales de la promotora y no de la redistribución que debiera ejercer una administración en función de objetivos previamente definidos sobre qué tipo de conocimiento del pasado quiere obtenerse.

Por consiguiente, si estas anunciadas Jornadas pretenden ser algo más que un Copenhague patrimonial valenciano, las conclusiones de las mismas deberían dar respuesta a una serie de cuestiones capitales.

Ontológicas: ¿Cuál es la realidad objetiva a la que debe atender la Gestión de la Arqueología? ¿Cuál es la función de ésta en la investigación, en la prevención frente a posibles destrucciones, en la definición, protección y acrecentamiento del patrimonio cultural?

Epistemológicas: Relativas a cómo se obtiene conocimiento útil para poder administrar el legado arqueológico en condiciones de eficiencia, esto es estrategias y protocolos normalizados.

Sobre la sociología del conocimiento: ¿Qué clase de conocimientos deben incrementarse, qué partes del territorio merecen un mayor análisis, qué periodos cronológicos deben ser objeto de una incentivación?

Ética y compromiso social: ¿Qué tipos de investigación debe incentivar la sociedad valenciana y sus organismos representativos, subvencionar o financiar con fondos públicos o dejar a la iniciativa privada?.

(*Levante-EMV, 14-01-2010*)

41

Un compromiso...con poco gas

El amago de réplica titulado "Compromiso con el patrimonio arqueológico valenciano" (Levante-EMV, 23-01-10), en velada alusión a nuestro "Un Copenhague valenciano en la gestión arqueológica" (Levante-EMV, 14-01-10), en una "Barra Libre light" sin burbujas ni chispa, revela que la Directora General de Patrimonio Cultural Valenciano, sí tiene quien le escriba. Con su semántica parasitaria del lenguaje progresista, que en bucle dialéctico legitima la reapertura del debate sobre la inexistencia de una auténtica gestión de la arqueología y del patrimonio valencianos.

Más allá del hilo conductor, que puede haber planeado o no, sobre el I Congreso sobre Modelos de Gestión del Patrimonio Arqueológico en el siglo XXI, resulta grotesco aducir argumentos retóricos en punto a la estima y valoración de su legado histórico como referente cultural propio por parte de la ciudadanía, desde el minuto mismo en que el departamento que dirige visa sin pestañear certificados de defunción de importantes valores patrimoniales como los del barrio del *Cabanyal*.

En el enclave marinero sobreviven a las arremetidas de la incuria, irremplazables "patrimonios arqueológicos murarios" como la valiosa azulejería modernista manisera de los zócalos de sus casas populares o los paramentos de ladrillo de la Lonja de Pescadores de la Marina Auxiliante (1909). Percibidos por los vecinos que los habitan como auténticas señas de identidad de sus propias vidas y vindicados en cuanto a sus valores artísticos por el director del Museo Nacional de Cerámica "González Martí" Jaume Coll. De forma semejante a lo que ocurre con los mampuestos de las tapias recoletas del "hortus conclusus" del *Hort de Romero*, defendidos por colectivos cívicos como Ajava.

Para más INRI, en contra de los juicios de intenciones comprometidos, negro sobre blanco y a humo de pajas en el artículo citado, de hecho, todos estos insustituibles bienes patrimoniales han sido sentenciados sin piedad a su definitiva demolición, sin siquiera registro documental previo, con el obsecuente beneplácito administrativo, de moral alicatada hasta el cielo, de la referida vicaria Dirección General del ramo.

Por otra parte, su actual titular, y los que le han precedido, han convertido a Romanones en monja de la caridad, cuando decía «dejad que ellos hagan las leyes, que ya me encargaré yo de los reglamentos», al trocar en estandarte de bandería el anémico desarrollo normativo de la Ley de Patrimonio Cultural Valenciano (Ley 4/98. Más de un decenio después de su aprobación parlamentaria todavía no parece haber tenido tiempo de poner en pie organismos previstos por la ley como la Junta de Valoración de Bienes, los Planes Especiales de Protección de los BIC, para los que se emplazaba imperativamente a los ayuntamientos a elaborarlos en el plazo de un año, ni de ejecutar la siempre postergada definición de los cometidos de los servicios arqueológicos municipales, ni tampoco el nonato "Reglamento Regulador la Actividad Arqueológica y Paleontológica en la Comunidad Valenciana" que, por mor de una confortable discrecionalidad administrativa, se mantiene retenido en los cajones de la Conselleria de Cultura desde principios de la anterior legislatura, allá por el año 2004.

Es artero pues pretender defender, recurriendo a la estrategia del erizo, a los arqueólogos con mando en plaza de un ataque inexistente, cuando es sabido que los firmantes de estas líneas fueron las únicas voces que terciaron públicamente a favor de su labor tutelar con el artículo "*La Ley de Lynch*" (Levante-EMV, 6-3-05). A la vez que sostenemos sin duda que las luces y sombras de las políticas sobre el patrimonio arqueológico, son de la exclusiva responsabilidad de la directora general en activo, no siendo de recibo parapetarse detrás de subordinados escudos humanos.

A modo de botón de muestra, son los conocidos fiascos patrimoniales en la gestión del Plan de la Muralla Árabe de València o la destrucción paisajística de la Huerta auspiciada por el proyecto urbanístico de Sociópolis en la pedanía de La Torre. Así como la sempiterna falta de recuperación del *Grau Vell*, el puerto de la antigua Sagunto, o el irredento Foro Romano de la acrópolis saguntina, el enquistado embrollo legal del Plan de Protección de *Els Banyets de la Reina* en Calp, anulado por sentencia del Tribunal Supremo, o la pedagógica trapisonda de la aparición en el 2007, nada menos que de un refugio antiaéreo de la Guerra Civil, en pleno trazado de la línea T2 del metro de Valencia, convertido tras la contienda en catacumba cristiana de la parroquia de San Andrés. ¿GIS para qué os quiero?

Así la semántica plana del «compromiso arqueológico» pregonado en estas mismas páginas ha sido puesta en solfa por la tozuda realidad de los hechos contrastados, por lo que no cabe sino colegir la ausencia de una auténtica gestión programada del Patrimonio Arqueológico Valenciano, que vaya apenas algo más lejos de la mera rutina gestora del día a día.

Escenario de quiebra técnica que nos ha incentivado a mantener encendida la llama del debate sobre la materia que nos preocupa, poniendo en marcha un nuevo blog al servicio de individuos y colectivos interesados en la salvaguarda de nuestro patrimonio colectivo, titulado significativamente *"Plaudite ciues"*. Si os ha gustado la obra: ¡Aplaudid ciudadanos!

(Levante-EMV, 11-02-2010)

La resurrección de Lázaro (II)

Una de las razones que pueden explicar la desconexión entre la reciente muestra divulgativa "El tribunal de las Aguas de Valencia. 1050 años de justicia de la Huerta de Valencia" y los conocimientos históricos probados, puesta en solfa en una primera entrega periodística nuestra sin réplica conocida (Levante-EMV, 15-6-10), reside en la disociación total entre las políticas públicas y la investigación académica, tal como hemos venido reiterando en numerosos artículos como "Los nuevos usos de l´Horta o la Resurrección de Lázaro" (Levante-EMV, 8-4-06).

Así pues, en esta prometida continuación hemos aprovechado para centrarnos en revisitar conceptos tales como el de que la Huerta es un paisaje agrario, y los paisajes, tan de moda hoy con dirección general propia patroneada por Arantxa Muñoz, son objeto de una acción territorial realizada fundamentalmente con criterios de urbanistas, arquitectos, paisajistas... cuya visión de los mismos solamente es dinámica en un sentido unívoco: desde el presente hacia el futuro. Desde el momento mismo en que nuestra eco-depredadora civilización post-industrial interviene para "ordenar" donde antes solo había aparente desorden.

En este sentido, ya hemos propuesto que se hace imprescindible determinar el papel morfogenético que ejercen los paisajes, de manera que se puedan determinar los casos en que la finalidad y forma de la ordenación del territorio podría ser dictada por los estadios antiguos del paisaje «Más allá del concepto de sostenibilidad, el de resiliencia», (Levante-EMV 12-3-06). Si queremos entender la forma en que las sociedades del pasado actuaron y las del mañana actuarán en el territorio, debemos reflexionar sobre la *resiliencia* (sostenibilidad) de las elecciones que se tomaron en el pretérito y la capacidad de una estructura paisajística para absorber impactos, pero también, en cuanto a la capacidad de aprovecharlos, participando, desde ese instante, en la propia historia de estos constructos espacio-temporales.

Todo ello nos conduce al fallo imperdonable, enquistado en la vigente legislación patrimonial (LPCV, Ley 4/1998), de no considerar los *Paisajes Históricos* como tales y consecuente con la inexistencia de una verdadera política integral de ordenamiento del país que tome en consideración las estructuras de suelos cronológicamente datados, porque no otra cosa que históricos son la mayoría de nuestros paisajes.

De aquellos polvos estos lodos y consecuentemente, cuando se lee en el *Plan de Acción Territorial de Protección de la Huerta* (PAT), las consideraciones históricas sobre la misma, es cuando encontramos la confirmación del dispendio del dinero del contribuyente en la financiación y edición de estudios históricos que no tienen la suficiente repercusión pública.

Así es posible observar en dicho PAT que desde la época islámica existió un equilibrio entre la ciudad y la huerta, inalterable hasta el siglo XIX, como si la huerta irrigada, una vez lograda su configuración clásica, se hubiera mantenido en lo sustancial sin cambios hasta la llegada de la industrialización. El argumento histórico es subalterno pues. Una foto fija proyectada sobre el decurso temporal. Imagen por consiguiente tan fosilizada como la que cada jueves nos muestra unos venerables síndicos de las acequias de la Vega reunidos litúrgicamente para dirimir sobre ningún pleito, como consecuencia de la reducción de la extensión de la red de canales de riego de más de 300 km a menos de 50 km en las últimas décadas. Circunstancia sobre la que no conviene olvidar la advertencia de Thomas Glick: «Cuando desaparezcan los regantes se acabará el Tribunal de las Aguas» (Levante-EMV, 14-06-10).

Ello supone que para evitar la definitiva extinción de la Huerta los agricultores deberían ser remunerados "por los servicios ambientales prestados" o en su defecto que los habitantes de la ciudad deberían asumir una tasa pro-conservación de una huerta tan próxima, y que lo recaudado incidiera en la mejora de las magras rentas de nuestros labradores. Porque, in fine, nadie cree que pueda salir adelante este Plan de Acción Territorial, la novedosa política sobre el paisaje y el discurso radical por momentos, nace sin presupuesto (Levante-EMV 28-5-09). Confiando la dirección general del ramo el éxito de dicho Plan a la contingente implicación de agentes privados y de los ayuntamientos concernidos al albur del obsecuente argumento, sin más, de que el futuro pasa por optar por la viabilidad de una Huerta sostenible (Levante-EMV 29-6-08), sin agotar las posibilidades de las herramientas jurídicas que el legislador tiene en su haber para desarrollarlo. Obviando que la voracidad de la naturaleza es tan antigua como la aparición de las ciudades en el medioevo tardío y la consiguiente pérdida del lazo simbiótico del hombre con su medio ambiente, que conducirá a la tematización del paisaje como inquietud a tenor de las tesis de Michael Jakob (*Le paysage*, París, 2008).

Por último, para concluir esta filípica sobre la anunciada muerte de la Huerta de Valencia, no podemos dejar de consignar un pequeño atisbo de esperanza, a pesar de los posicionamientos públicos del actual responsable del urbanismo de la ciudad de València contrarios a una Huerta «cultivada por funcionarios», en las prometedoras iniciativas de adquisición pública de suelo en los denominados «huertos urbanos», de gestión directa o indirecta, en el controvertido proyecto de Sociópolis y en el entorno del antiguo monasterio de San Miguel de los Reyes.

(Levante-EMV, 01-08-2010)

Detalle del sepulcro de Pedro III el Grande.

Reis, tombes i savis

Parafrasejant el títol del llegendari best seller de l'arqueologia de divulgació de l'alemany C. W. Ceram «*Götter, Gräber und Gelehrte*» (1949), no hem pogut resistir la temptació de glossar projectes d›actualitat com ara l'obertura de la intacta, des de 1285, tomba reial del valencià de naiximent Pere III el Gran en el monestir cistercenc de Santes Creus, al caliu del 850 aniversari de la seua fundació.

En una espectacular intervenció d´estètica futurista (i cost econòmic a l'alçària de l'envit) amb savis proveïts de monos integrals de color blanc i màscares protectores, que introduïxen una tàcita asèpsia metodològica amb la pretensió implícita de prendre distància dels tints romàntics i colonials del buidatge de Howard Carter de la sepultura del faraó Tutankhamon en 1922. ¿O per què no?. De la cristiana profanació del sarcòfag amb el «gloriós» esquelet de Simón Bolívar en el Panteó Nacional veneçolà, adobada amb les premeditades reflexions religioses, del president Hugo Chávez sobre la resurrecció dels morts «Dios mío, Dios mío... Cristo mío, Cristo Nuestro, mientras oraba en silencio viendo aquellos huesos, pensé en tí. Y cómo hubiese querido, cuánto quise que llegaras y ordenaras como a Lázaro: Levántate Simón, que no es tiempo de morir. De inmediato recordé que Bolívar Vive»... (Vide *La reinvención del libertador*, artícle de Maite Rico en El País).

Aquesta intervenció en el cenobi tarragoní podria evocar, no sense cert risc domèstic, a un imaginari «Pere alça't i camina», singularment al poc de festejar el 650 aniversari de la creació de la llavor de la Generalitat que ha permés dir a Carod Rovira «no són gaires els governs al món que puguin lluir tants anys d'història». Res en realitat si ho comparem amb la casa imperial nipona del sol naixent, vigent si més no des de l'11 de febrer de 660 a.C.

Per consegüent, tal i com un de nosaltres ressenyava en estes mateixes planes «Sepulcros de Cristal» (Levante-EMV, 16-06-09), a tenor del Codi d'Ètica de l'ICOM de 1986 en el seu capítol III punt 6 s'estima suficient cautela que les investigacions sobre restes antropològiques, hagen de realitzar-se d'una manera acceptable per a tots aquells que professen una creença religiosa, emperò tal com cabria aventurar, des de l'àmbit competencial propi del Dret Canònic. Pel que fa a la violació de sepultures eclesiàstiques els seus preceptes resulten molt més coerci-

tius, a l'establir, perpetuant la tradició jueva, que són llocs sagrats i be-
neïts (ca. 1205, § 1), subjectes a idèntiques normes que les que regeixen
per als mateixos temples (ca. 1207).

Així doncs, a manera de botó de mostra vernacle d'esta aparent tri-
vial qüestió, serveixca la carta dirigida, al propi papa Benet XVI, d'una
plataforma ciutadana, sol·licitant la mediació del pontífex per a evitar
«la profanación de un Campo Santo» (sic), en el cas del cementeri desa-
mortitzat, encara que no desacralitzat, de les arruïnades restes del Reial
Monestir de la Puritat de les Religioses de Santa Clara, baix l'amenaça
de la construcció d'un pàrquing subterrani (Levante-EMV, 29-11-06) i
de la qual es desconeixen encara a hores d'ara el designis vaticans.

De la mateixa manera que també ha caigut en el somni dels justs el
principi d'acord pregonat, fa més de lustre i mig, aconseguit per Alfonso Rus amb la Santa Seu per a traslladar des de Roma a Xàtiva les
despulles mortals dels papes xativins Calixt III i Alexandre VI (Levante-EMV, 23-01-03).

Escrúpols morals que, en canvi, no ens consta que hagen merescut
els espatllats ossos dels governants musulmans dels segles XI-XIII so-
terrats en la *rawda* o panteó aristocràtic de l'Alcàsser de Balansiya.
Exemples que haurien enriquit una impossible reedició de l'assaig *Mort
et Pouvoir* (Paris, 1998) del desaparegut antropòleg francés L.-V. Thomas.

Finalment, desde paràmetres consubstancials al pensament laic, els
estudis antropològics a què ens referim ací, només resultarien deontolò-
gicament lícits en els seus mitjans, sempre que compliren l'aforisme
"Mortui viventes docent" o el que és el mateix, en tant que este tipus
d'investigacions forenses contribuïsca a la construcció del sempre in-
complet relat de la peripècia vital de l'home, en el seu tortuós esdevin-
dre per les intricades revoltes d'una Història gens providencialista.

Fins llavors, per a commemorar esdeveniments planetaris com ara la
Declaració dels Drets de l'Home (1789), paral·lela a les profanacions
de les tombes reials franceses de Saint-Denis (1793), o la Declaració
Universal dels drets humans (1948) no sembla caldre imprescindible
exhumar a ningú més que a les sempre oblidades víctimes anònimes
d'eixe mateix periple humà.

(*Levante-EMV, 28-09-2010*)

Elogio de la blasfemia

Las anteriores entregas «Sepulcros de Cristal» (Levante-EMV, 16-06-2009) y «Reis, tombes i savis» (Levante-EMV, 28-09-2010), en las que se reflexionaba respectivamente sobre la exhibición patrimonial de restos humanos en museos y la pertinencia o no de las exhumaciones en curso de reyes y otros personajes históricos célebres, han conducido casi indefectiblemente a centrar la presente meditación intelectiva en torno al rol reservado en la sociedad contemporánea a la blasfemia ordinaria.

En este orden de cosas y desde la propia etimología griega de la palabra cual injuria de la reputación celestial, la blasfemia, entendida como ofensa a un dios o irreverencia hacia lo venerado por una religión cualquiera, aunque está lógicamente prohibida por ley en algunos países gobernados por teocracias, en democracias aconfesionales como la nuestra o la de la laica por excelencia república francesa, parece ser objeto de un encaje social y legal más paradójico o anacrónico.

Así, sin olvidar los exabruptos escatológicos tan castizos en los ámbitos lingüísticos propios de los antiguos dominios del latín, de los que es un buen ejemplo la airada reacción del párroco de Almussafes ante la puesta en escena de una obra teatral del grupo *La Fera Ferotge*: «Lo más grave de la representación es que se cagaron en Dios, en la Cruz, con San Pedro y el carpintero que la hizo» (sic) (Levante-EMV, 15-07-1999).

Más barruntos en cuanto a la calibración con arreglo al dogma del sucedido, blasfemia sacrílega o mero alivio abdominal apremiado por la falta de aseos para operarios, todavía pueden recordarse en torno a la inmunda peripecia de la rumoreada aparición cerca del altar catedralicio de una sospechosa defecación, al albur de las prisas de última hora para inaugurar la exposición *La Llum de les Imatges* en febrero de 1999 (Levante-EMV, 23-02-1999). Episodio digno de la ménsula grotesca de una de las ventanas góticas del Consulado del Mar que representa la fábula de Esopo en la cual un sabio en cuclillas vacía el vientre o la gárgola «fake» de la reconstruida en estilo torre de la Lonja (1902) en forma de niño evacuando, sostenido por una figura de mujer.

Mención aparte merece el nada edificante reciente intercambio de so-papos entre un sacerdote de Ròtova y uno de los festeros de la Divina Aurora, por arrojar inopidamente alguno de éstos al suelo una de las obleas consagradas, lo que según el canon 1367 supone literalmente la pena de excomunión *«latae sententiae»* automática. Si bien por fortuna, las profanaciones eucarísticas de hoy distan mucho en cuanto a la seve-ridad de su sanción punitiva de las acontecidas en las tierras europeas de Brandenburgo en 1510, donde fueron ajusticiados en la hoguera 38 ju-díos, cubiertos con los infamantes capirotes o corozas, en el consiguien-te auto de fe de Knoblauch en una Alemania todavía católica entonces.

Sorprende, en cambio, la subsistencia de restricciones expresas pinta-das en los muros de algunos de los tradicionales trinquetes valencianos donde se desarrollan importantes apuestas pecuniarias, en ocasiones cosechas enteras, alrededor del juego de pelota: *«Prohibit blasfemar»*.

Pero la realidad es que no fue hasta 1988 cuando la blasfemia quedó en teoría despenalizada mediante la Ley Orgánica 5/1988, por más que el artículo 525 del Código Penal español sigue reprobando como deli-to a quienes «hagan públicamente, de palabra, por escrito o mediante

Capitell d´una finestra de la Llotja amb caganer

51

cualquier tipo de documento, escarnio de dogmas, creencias, ritos o ceremonias, o vejen, también públicamente, a quienes los profesan o practican» y el cantautor Javier Krahe se encuentre en el banquillo a la espera de sentencia por la difusión televisiva del vídeo «Cómo cocinar un Cristo».

Embrollo socio-cultural en el que cabe alinearse para terminar con la invectiva de Francesc Eiximenis cuando predicaba satíricamente como «los blasfemos blasfeman por el culo de Dios» y las tesis liberadoras de Albert Hauf recogidas en el simposio *L´Home que Riu* de hace una década, en el sentido de que a lo largo de la Historia, la blasfemia ha venido desempeñando una relativa función transgresora o emancipadora, a modo de válvula de escape social, para burlarse del poder en los momentos de mayor represión clerical, en un paralelismo plausible con el propósito pragmático de las antiguas defixiones maledicentes romanas del estilo *«Quintula cum Fortunali sit semel et numquam»* , inscrita sobre una lámina de plomo o talismán *«in planta pedis».*

(*Levante-EMV, 28-11-2010*)

Josep Vicent Lerma

Las goteras en la casa de Dios

El documentado reportaje «Las obras públicas para Dios» de Paco Cerdá publicado en estas páginas parece ser, en realidad, un sano debate público consecuencia natural de nuestro proactivo artículo de opinión «El patrimonio eclesiástico es ¿sagrado?» (Levante-EMV, 5-11-11). El documento periodístico fue redondeado con las justificaciones en pro de las ayudas públicas destinadas a la conservación del patrimonio eclesial valenciano 159,5 millones de euros en 12 años del canónigo Jaime Sancho, casi una semana después de la entrevista de este mismo periodista («Que la Iglesia conserve su patrimonio, que no es pobre») a Antonio Pérez Solís presidente de la *Associació Valenciana d´Ateus i Llibrepensadors* (AVALL) (Levante-EMV, 21-11-11), vocero de las posiciones contrarias.

Por ello consideramos justo y necesario aceptar el envite intelectual, dando ahora fiel contrapunto al lugar común con ínfulas de *biblia pauperum* o aviso a navegantes agnósticos del aludido presidente de la comisión de patrimonio histórico-artístico del arzobispado de València. «En cada pueblo había un castillo, un palacio y una iglesia. Los castillos desaparecieron con el final del feudalismo; los palacios se extinguieron al desaparecer el estatuto de la nobleza; y las iglesias son las únicas que han pervivido porque sigue en pie una realidad que se llama iglesia católica», lo que, a nuestro juicio, connota secundariamente la penuria intelectual de la iglesia del siglo XXI.

De este modo, en consonancia con lo dicho en nuestra propuesta inicial de *Desamortización Cívica* del patrimonio eclesiástico yermo de feligreses, ajena a cualquier tipo de escrache anticlerical, la reciente fotografía de los bancos cubiertos de plásticos para protegerlos de las filtraciones en los días de lluvia de la iglesia-fortaleza gótica tardía de *Xàbia* (siglo XVI) (Levante-EMV, 30-11-11), resulta ser sin duda, una buena metáfora del estado de conservación actual de muchos templos de todos los tiempos, siempre pendientes de restauraciones que no acaban de llegar, en este caso fallido, a cofinanciar por las fundaciones la Luz de las Imágenes y Caja Madrid, conforme a un proyecto de rehabilitación estimado ya hacia 2006 en 2,4 millones de euros. No constituyendo panacea alguna a esta postración arquitectónica, siquiera el hecho de la consabida inmatriculación de *Sant Bertomeu* a nombre del Arzobispado de Valencia, a pesar de haber estado registrado formalmente en el inventario de bienes municipal xabienc hasta los años sesenta. Monumento Nacional declarado, para más *inri*, por el gobierno de la laica Segunda República (1931).

Con todo, algunos píos sectores vernáculos resultan ser a la postre «más papistas que el Papa», como la asociación Valencia Cultural-Vía Augusta y Camino de San Vicente Mártir, que se ha opuesto en la prensa local a que el Ayuntamiento de Valencia, propietario legal del antiguo cenobio de San Vicente, instale en La Roqueta una biblioteca pública, con el peregrino argumento de que dicho monasterio, enajenado mercantilmente en 1973 por la orden de los agustinos, se encuentra aún hoy en día «bajo tutela del Vaticano» (sic) en virtud de ciertas bulas papales, nada menos que de Gregorio IX, como si no hubiera llovido nada desde entonces en el tortuoso camino de la secularización de las sociedades occidentales.

Este sustrato ideológico autóctono explicaría en nuestra opinión, potenciales expolios del patrimonio municipal (Levante-EMV, 29-12-99), como el del aparentemente poco equitativo intercambio de concesiones administrativas de terrenos o inmuebles, entre ellos la extinta fábrica de la Cros, por el cual el arzobispado valentino cedió temporalmente en 1999 al ayuntamiento el uso de la parcela de la Almoina, hasta el 2.075. Año todavía lejano en que si Dios, o los hombres, no lo remedian esta prefectura vicaria de la Iglesia de Roma retomará de pleno derecho la posesión firme tanto de los vestigios arqueológicos subterráneos, como de los millones de euros del erario público invertidos en su musealización y en la obra civil edificada de la actual plaza de D. Junio Bruto, obra tardo-racionalista de los arquitectos José Miguel Rueda y José María Herrera.

A modo del acostumbrado corolario, y en coherencia con lo propuesto en nuestra primera entrega sobre el patrimonio eclesiástico reseñada más arriba, en línea con la solidaria tesis original del autor católico Serge Comeau, en la actual coyuntura económica, en diócesis como la valenciana con un parco presupuesto anual de 11 millones de euros y apenas unos 800 sacerdotes, la realidad es tal que si no buscamos entre todos consensuadas vocaciones ciudadanas para el patrimonio secular amortizado de las religiones dominantes, esa «forma superior de superstición aun necesaria» en expresión de Vargas Llosa, ya podemos ir dejando el asunto de su conservación para nuevas generaciones, sin más, en manos de la Virgen del Perpetuo Socorro.

(*Levante-EMV, 30-12-2011*)

De castillos, moros y sepientes de verano

Más allá de nuestra puntual contribución en estas mismas páginas al debate sobre la cronología del "Castell de les 300 torres" de Onda, con el artículo de opinión *¿Reinos de Taifas?* (Levante-EMV, 24-04-2011), la exhibición en las Torres de Quart de una reciente muestra de los trabajos prácticos de castellología de los alumnos del benemérito arquitecto Manuel Ramírez, ha constituido el fermento original suficiente para espolearnos a reunir negro sobre blanco y ordenar ahora en pleno ocio canicular, nuestros propios pensamientos en torno a la irredenta problemática de los arruinados castillos de las tierras valencianas y sobre su incierto futuro.

Planes de recuperación autonómicos sobre *"els nostres castells"* (Levante-EMV, 10-10-2008), en feliz titular de Vicent Álvarez, anunciados por mediáticos turiferarios en pasados años de vino y rosas de la Generalitat, caídos uno tras otro en saco roto, como los mismos derrumbados tapiales, mampuestos o sillares de los más de 300 recintos castrales diseminados a lo largo y ancho de toda nuestra geografía.

En este erial patrimonial, tampoco faltan ilustrativas "serpientes de verano" como el memorable anuncio, digno de los anales de la mejor "arqueología cranck", ya hace más de un lustro, de restauración inmediata del castillo de Corbera gracias a la filantropía privada de un misterioso magnate árabe, con familia en Alzira para más señas, dispuesto a donar benéficamente hasta 6 millones de euros para rehabilitar esta emblemática fortificación de la Ribera (Levante-EMV, 5-07-2005), en manos públicas después de que en 2003 la Diputación de Valencia indemnizara con 270.000 euros a sus últimos propietarios.

El impagable culebrón estival continuaba al día siguiente desvelando en este mismo diario, para pasmo de los lectores, que «el mecenas árabe.... es un magnate del petróleo», sobre la base de los barruntos de un vecino alcireño intermediario, con el entonces alcalde de Corbera, donde los orígenes islámicos de esta fortaleza medieval, habrían resultado claves para que el ya millonario empresario saudí, dueño de negocios petrolíferos, hubiera decidido apostar por su completa recuperación arquitectónica, apostillando dicho primer edil «Esto va en serio», con un 90% de posibilidades de éxito.

La euforia colectiva se esfumaba por completo al tercer día, como el oro negro del inexistente emir, en un giro teatral más propio del genio de la lámpara de Aladino. En realidad resultó ser poco más que una ocurrencia de un historiador aficionado local sobre la lejana posibilidad "en pañales" de que estados de la Península Arábiga en ocasiones pudieran conceder ayudas económicas «cuando les gusta un inmueble de este tipo». Aduciendo, como único argumento de peso a su favor, que cuando el secretario de la embajada saudí visitó Alzira con motivo de la inauguración de la escultura de Ibn Tomlús, pudo conocer la alcazaba de Corbera «y le gustó» (sic) (Levante-EMV, 7-07-2005).

Finalmente parece ser que se llegó a preparar un dossier con fotografías de este maltrecho castillo e inscripciones coránicas al uso, para remitir a embajadas de países árabes… y el asunto terminó por pasar a formar parte del sueño de los justos.

Anécdota que puede erigirse en ilustración del estado actual de general abandono institucional de nuestro patrimonio arquitectónico militar andalusí y feudal, salvo honrosas excepciones como entre otras la mansión señorial de Beselga (Estivella), el "*Palau del Baró*" de Riba-roja, el expropiado "*Castell*" de Alaquàs o la restaurada torre mora de Torrent, que, al igual que el eclesiástico amortizado, del que ya nos ocupamos en una entrega anterior "*¿El Patrimonio Eclesiástico…es sagrado?*" (Levante-EMV, 5-11-2011), requiere de nuevos usos al servicio de la sociedad civil y del ordenamiento del territorio rural, al margen de fantasías orientales, mientras San Expedito, patrono de las causas justas y urgentes, se decida a abrir de nuevo la faltriquera anticíclica de las inversiones públicas.

(*Levante-EMV, 21-08-2012*)

Odisea arqueológica a ninguna parte

En la película de los hechos recientes de la arqueología vernácula el ameno artículo periodístico *"La arqueología pública toca fondo por la privatización de las excavaciones"* (Levante-EMV, 20-01-2013) y la aparente entrevista de apostillas *"Los arqueólogos privados no competimos con los públicos"* (Levante-EMV, 28-01-2013), remachados ambos por la metafórica crónica de Alfons García *"La arqueología ve volar también los fondos de Wert"* (Levante-EMV, 25-01-2013), parecen jalonar y no precisamente de rosas, un camino de perdición para la escuela arqueológica valenciana, alumbrada felizmente en los años sesenta por la maestría del añorado Miquel Tarradell.

Pasadizo interior del búnker del Saler

Escenario crepuscular en el que el zarpazo económico del hacendoso Montoro a los 494.500 euros de vellón de los proyectos arqueológicos españoles en el exterior del pasado año 2012, han acabado de aventar los empalagosos aromas a mamandurrias pompeyanas de las distantes excavaciones de las perfumerías romanas de la Vía de los Augustales de la ciudad del Vesubio, en la actualidad heredadas por el antes nuevo rico Instituto de Restauración (Ivacor), del perejil de todas las salsas Carmen Pérez, ya que para fortuna viajera suya, Pompeya no quedó sepultada en las costas de València.

Crónica a vuela pluma de la arqueología valenciana en la que Consuelo Matamoros jefa del Servicio de Patrimonio Cultural de la conselleria del ramo, aguó a las primeras de cambio de las V Jornadas de Arqueología de la Comunitat Valenciana (14,15 y 16 diciembre 2012) organizadas por la obsecuente Comisión de Arqueología del CDL de Valencia y Castellón, cualquier atisbo de esperanza sobre la publicación oficial de un irredento desde 1998 Reglamento de Arqueología, en el mejor de

57

los casos a suplantar algún día, todo lo más, por sucedáneos decretos parciales, relativos a materias concretas, al albur de una consabida discrecionalidad administrativa.

Todo ello con independencia de la extravagante y tardía firma, en relación con otras comunidades españolas más precoces como Castilla y León o Catalunya, del primer convenio colectivo específico del sector arqueológico, hoy en sus horas más bajas por el hundimiento del pechero sector inmobiliario, suscrito ya este mismo enero de 2013 entre el embrión de patronal empresarial Asemarq y el sindicato CC.OO, al margen claro está de los arqueólogos gubernamentales y liberales, devenidos en meros convidados de piedra para la ocasión.

Paisaje patrimonial para después de una batalla, como algunos quieren policatastrófico, en el que trapisondas mediáticas como la de la recuperación por el Seprona en la trastienda de un anticuario de El Campello de una supuesta tinajilla pintada con escenas de guerreros y figuras de animales salvajes, denominada por su decoración como de la "Suidomaquia", puesta en solfa en estas mismas páginas por la prudencia de la catedrática Carmen Aranegui en un lúcido "*Interrogantes sobre el vaso ibero*" (Levante-EMV, 9-01-2013), no vienen a paliar precisamente un acrisolado descrédito de la gestión pública de la arqueología de las tierras entre el Senia y el Segura durante estos últimos años.

Por consiguiente, en tanto en cuanto el patrimonio cultural valenciano en general y el arqueológico en particular, no deje de ser para sus actuales responsables burocráticos más que moneda de cambio, apenas calderilla en realidad, en este nuevo prosaico ciclo de políticas evidentes de recortes presupuestarios, como advertía el divino Dante, no nos engañemos: *Lascia ogni speranza.*

(*Levante-EMV, 05-05-2013*)

Josep Vicent Lerma

Los cañones de Navarone valenciano

Una década después de la publicación en estas mismas páginas de nuestro *¿Qué fue del… búnker del Saler?* (Levante-EMV, 29-03-2003), redescubierto de modo casual en la *"Platja de la Creu"* allá por 1998, en el que dábamos comprometida cuenta de sus excepcionales características como fortín subterráneo con casamata giratoria artillada, nada menos que con los cañones de grueso calibre (305 mm) del mítico acorazado Jaime I, ideado secretamente en 1938 por el genio militar del general Miaja con fines disuasorios, para frenar a su discípulo Franco en el mar Mediterráneo, siguiendo los modelos defensivos de las bases navales españolas leales de Cartagena y Mahón (Menorca), y reflexionábamos sobre su potencial como aliciente de un previsible turismo cultural como el que bulle hoy en día en torno a las reliquias históricas de la Muralla del Atlántico de la II Guerra Mundial en las costas francesas de Normandía, las informaciones de la prensa local de este verano relativas al inmediato desmantelamiento del polideportivo municipal de la Devesa para la recuperación del cordón dunar original del parque natural de la Albufera, han devuelto en un insólito bucle temporal su memoria a los valencianos del siglo XXI, materializado sobremanera en el documentado reportaje de R. Muntaner *"El Copón de Miaja que salvo Franco"* (Levante-EMV, 29-08-2013) .

Este emplazamiento artillero formaba parte de un más amplio y complejo dispositivo litoral, armado por el Estado Mayor Mixto de Defensa de la Costa para proteger el puerto de Valencia, vital para la supervivencia del constitucional Gobierno de la República, que se complementaba estratégicamente con los tiros de 12 kilómetros de otra torreta de dos cañones gemela de la del Saler, situada en el faro de Canet, al norte de Sagunto. Mientras que por el sur, se cerraba esta línea de salvaguardia de frente marítimo con la instalación junto al promontorio de Cullera de una batería de cañones Skoda.

Patrimonio militar de la Guerra Civil que junto con las líneas defensivas terrestres como la famosa XYZ o "La Inmediata", estudiada por el profesor J. Durbán Aparisi, ya fue objeto de trabajos de inventario por parte de Dirección General de Patrimonio Cultural Valenciano, en vistas a una anunciada posible protección, conservación y puesta en valor, tal como reseñaba la revista de la Conselleria de Cultura "Abante" en su ejemplar de enero del año 2010, siendo entonces responsable autonómico la actual diputada Trinidad Miró.

Buenas intenciones, de las que dicen está empedrado el camino al infierno, si nos atenemos a la realidad del rechazo de la actual mayoría parlamentaria en las Cortes Valencianas de la protección genérica de dicho Patrimonio Militar como Bien de Relevancia Local (BRL) junto a "*pous i caves de neu*", chimeneas industriales de ladrillo o la arquitectura religiosa anterior a 1940, por ministerio de la cuarta y enésima modificación "*ad hoc*" de la Ley del Patrimonio Cultural Valenciano (Ley 10/2012. Capítulo IX), en el proceso de su reciente tramitación en sede parlamentaria.

Errática política patrimonial que no deja de resultar paradójica si nos atenemos precisamente a la protección legal como BRL otorgada al "*Copó de Miaja*" por la actual revisión del PGOU de Valencia o las rehabilitaciones de construcciones soterradas vinculadas con la difusión de la cultura de la paz de los refugios antiaéreos de ciudades como Cartagena, Alcoi o Cullera.

A modo de corolario, puede concluirse que este entrañable paraje local, preñado de historia, resulta de todo punto merecedor de su musealización como "Lugar de Memoria", consagrado al sacrificio de los valencianos de todo signo y condición, tal como testimonia el vial conducente a los restos de esta fortaleza, que en efecto albergaron esos precursores "Cañones de Navarone" valencianos, al modo de la célebre en toda Europa Línea Maginot o el monumental refugio de submarinos alemanes de Lorient (Bretagne).

(*Levante-EMV, 14-09-2013*)

Josep Vicent Lerma

El circo, la espinita, la lápida y el PGOU

El reestreno de la sala de exposiciones temporales del *Centre Arqueològic de L´Almoina* con una anunciada exposición arqueológica sobre el Circo romano de Valentia, donde desde hace un lustro se instalaba de prestado por estas fechas una impropia muestra con la burra y el buey de la Asociación de Belenistas, nunca es tarde si la dicha es buena, nos ha servido de acicate para ordenar vetustos recuerdos y amarillentos recortes de prensa sobre este olvidado hipódromo colosal, al que ya dedicamos en su momento algunos artículos de opinión como «*¿Qué fue del circo romano de Valencia?*» (Levante-EMV, 22-02-2000) y el escatológico «De cuádrigas y lupanares» (Levante-EMV, 23-05-2011).

Circo virtual, casi repetiríamos metafóricamente como entonces, más que otra cosa de «papel», muy al contrario que el urbanísticamente esponjado de Tarragona o el puesto en valor anfiteatro de *Arelate* (Arlés, Francia), invisible para los valencianos contemporáneos y del que el arqueólogo Albert Ribera ofreció las claves ocultas de su fragmentaria interpretación muraria y ubicación exacta bajo nuestras calles, cuyo eje mayor de más de 350 metros se habría fosilizado en la histórica del *Trinquet de Cavallers*, en el ensayo «*The discovery of a monumental circus at Valentia*», publicado el pasado siglo XX en la revista «*Journal of Roman Archaeology*» (1999).

Pesquisas abnegadas de este investigador llevadas adelante entonces contra viento y marea, en ocasiones valientemente incluso frente a la manifiesta incomprensión de algún sector de la prensa vernácula, que dio pábulo a ciertos intentos denigratorios y de escarnio público, como los contenidos en el escrito de 1994 de J. Aparicio titulado «*¿Es como una espinita?*» , en el que entre otras lindezas se espetaba que «arqueólogos con menos fantasía» (sic), habían cuestionado dichos descubrimientos, interpretando en realidad tales muros como un mero almacén de grano («*horreum*»).

Hasta el punto que el descubridor de todo un inédito circo romano, omitido hasta entonces por los anales de la Historia, se vio en la tesitura de salir al paso de dichas críticas públicas con la memorable réplica periodística «El circo, el plumilla, la piedra y la vidente» (Levante-EMV, 28-11-1994), arriba parafraseada en tributario homenaje literario.

Con todo, lo cierto y verdad es que de este preciso ámbito urbano del barrio de la *Seu-Xerea*, comprendido entre la trasera del Colegio del Patriarca y el edificio de Comisiones Obreras en la plaza de Nápoles y Sicilia, remodelada por el docto arquitecto Román Jiménez, procede sintomáticamente a favor de las tesis de Ribera, el pedestal votivo donado por *Marco Marcio Celsio* del museo de Bellas Artes, cuya estatua de Hércules se encontraría sin duda en el interior de uno de los templetes o edículos dedicados a divinidades atléticas, que coronaban en Roma y sus provincias estos grandes equipamientos deportivos consagrados también a las competiciones hípicas de carros (cuadrigas), conducidos por aurigas de distintos colores.

Además de la inscripción honorífica dedicada al emperador Tito «*conservator pacis Augustae*», preservada en la iglesia de Santo Tomás o la del *sevir* augustal *Lucio Escribonio Euphemo*, empotrada en la fachada del número 1 de la repetida calle *Trinquet de Cavallers*, en la actualidad bastante maltrecha por pegotes de cemento gris, en un claro ejemplo de incuria colectiva

Por todo lo cual y a modo de corolario de este revival del mayor edificio levantado nunca por los antiguos romanos en la «*notissima*» colonia Valentia, no podemos terminar estas breves líneas sin reseñar lo paradójico que a nuestro común entender resulta la falta de protección patrimonial individual todavía de este descomunal monumento, digno de protagonizar la última novela (Circo Máximo) de Santiago Posteguillo, bajo el paraguas de una incoación como Bien de Interés Cultural (BIC), cuando otras construcciones no menos intangibles como el recinto de la muralla romana (BIC 01.01.02bis), ya disfrutan de esta merecida tutela en el Catálogo de Bienes Estructurales del revisado Plan General de Ordenación Urbana de Valencia.

(*Levante-EMV, 28-11-2013*)

Josep Vicent Lerma

Patrimonio de campanario

Asistimos con estupor a la propuesta, populista donde las haya, a favor de la histórica Xàtiva en este caso con la pretensión de devolver las piezas de una supuesta soberanía perdida de esta ciudad, en un esperpento de debate identitario, por llamarlo de alguna manera. Se trata de la peregrina pretensión del presidente de la diputación de Valencia de llevarse del benemérito *Museu de Prehistòria*, los fondos arqueológicos procedentes de la capital de la Costera: consistentes, fundamentalmente en los restos de los yacimientos de *Cova Negra* y la conocida como *Villa Cornelius* (L´Énova), como fue dado a conocer por Levante-EMV (12-11-2014).

La rigurosa respuesta de Alfons García en estas mismas páginas (Levante-EMV, 13-11-2014) no es obstáculo para centrar nuestro objeto de reflexión en la pródiga trayectoria de Alfonso Rus en relación con la arqueología valenciana. Trufada ésta de incidentes, como su atrabiliaria negativa en su calidad de alcalde a ceder una célebre antigüedad árabe del *Museu de l´Almodí* para la exposición "*El Islám i Catalunya*" en el año 1998, cuando, por aquel entonces nos dejó perlas antológicas del estilo «no presté la pila islámica de Xàtiva a la Generalidad catalana porque no somos Cataluña» (sic) (Levante-EMV, 21-09-1998), no cayendo, quizá, en que tampoco seamos Islam, aunque allá él con sus prejuicios...

En una muestra de competencia en estos y otros temas, el presidente de la diputación pretendía, tratándose de la misma persona ocupando dos cargos políticos, solicitar como alcalde de Xàtiva los fondos de los citados yacimientos, y pasando rápidamente al otro lado de la mesa, cual Groucho Marx, autorizar semejante despropósito. ¿Recuerdan aquello de "la parte contratante de la primera parte …"?

No quisiéramos siquiera entrar en la legítima dialéctica entre los grandes museos arqueológicos "nacionales" y la proliferación más o menos incontrolada de pequeños museos o colecciones municipales, surgidos en muchas ocasiones al albur de la pasada burbuja inmobiliaria. Pero, con los quinquenios que lleva el propio Rus en el puesto, sorprende el despiste que parece haber sufrido, olvidando cuál es la función de los museos que dirige, como verdaderos centros de investigación y no como vulgares almacenes, que pueden albergar los objetos exhumados, conservarlos y restaurarlos. Que éstos son depositarios de piezas arqueológicas únicas, de su conservación, de su catalogación y de que en ellos trabajan técnicos especialmente formados para llevar a cabo todo ello, capacitados para dar respuesta a las peticiones de otros investigadores llegados de cualquier parte del mundo. Asusta que el primer edil de la antigua *Saetabis*, se haya olvidado de leyes y normas jurídicas por las que se regula qué administración, la autonómica en este caso, tiene las competencias legales, en materia de Patrimonio Histórico. De no ser por este lamentable olvido presidencial, estaríamos dispuestos incluso a celebrar la iniciativa de abrir un nuevo contenedor cultural dotado de personal y línea presupuestaria propia, lo que ciertamente resulta poco probable.

No extrañan pues, los bandazos que han jalonado la errática gestión de los museos de la diputación de la provincia de Valencia con algunos esperpénticos capítulos pendulares. Valga algún ejemplo, como la propuesta de reordenación del Centro Cultural La Beneficencia en 1999, reconvertido por arte de birlibirloque en "Centro Valenciano de la Cultura Mediterránea" de la mano del entonces diputado de cultura Antonio Lis, uniendo internamente Etnografía y Prehistoria en el denominado "Museo de las Culturas", aunque acabaría denominándose "Museo de Prehistoria y Cultura Popular Valenciana", en un vaivén nominalista interminable que inspiró unas memorables *Las migas* "*SOS Museos de la Diputación*" o "*El Museo de Prehistoria*" (Levante-EMV, 26-10-1999) de Jesús Civera.

Sin menoscabo de otros, no menos deleznables, proyectos temático-culturales como el del merecidamente caído en el olvido "Parc dels Pobles Valencians", en el complejo del Psiquiátrico de Bétera, promovido por la anterior presidencia de Fernando Giner.

Ni tampoco olvidar, a modo de coda final, o guía para perplejos, el cambio copernicano de estado de ánimo del espontáneo A. Rus que supone la actual propuesta de retorno a su patria chica de todas las piezas arqueológicas setabenses del museo del vetusto Servicio de Investigación Prehistórica (SIP), frente a su también firme insistencia apenas unos años atrás (2011) en transferir con armas y bagajes museos como el MUVIM, la Beneficencia o el Museo Taurino a la entonces Conselleria de Cultura de Lola Johnson, con el fin, confeso, de recortar en "gastos superfluos" y evitar duplicidades en la prestación de servicios culturales.

Un episodio, a la postre tan incomprensible para algunos como para otros parecen ser las palabras vernáculas *gairebé* y *aleshores*.

(Levante-EMV, 31-12-2014)

PATRIMONIO DE CAMPANARIO

A sistimos con estupor a la propuesta, populista donde las haya, a favor de la histórica Xàtiva en este caso con la pretensión de devolver las piezas de una supuesta soberanía perdida de esta ciudad, en un esperpento de debate identitario, por llamarlo de alguna manera. Se trata de la peregrina pretensión del presidente de la Diputación de Valencia de llevarse del benemérito Museu de Prehistoria, los fondos arqueológicos procedentes de la capital de la Costera; consistentes, fundamentalmente en los restos de los yacimientos de Cova Negra y la conocida como Villa Cornelius (l'Énova), como fue dado a conocer por **Levante-EMV (12-11-2014)**. La rigurosa respuesta del **Alfons García** en estas mismas páginas (**Levante-EMV, 13-11-2014**) no es obstáculo para centrar nuestro objeto de reflexión en la pródiga trayectoria de **Alfonso Rus** en relación con la arqueología valenciana. Trufada ésta de incidentes, como su atrabiliaria negativa en su calidad de alcalde a ceder una célebre antigualdad árabe del Museu de l'Almodí para la exposición *l'Islam i Catalunya* en el año 1998, cuando por aquel entonces nos dejó perlas antológicas del estilo «no presté la pila islámica de Xàtiva a la Generalidad catalana porque no somos Cataluña» (sic) (**Levante-EMV, 21-09-1998**), no cayendo, quizá, en que tampoco seamos Islam, aunque allá él con sus prejuicios.

En una muestra de competencia en estos y otros temas, el presidente de la diputación pretendía, tratándose de la misma persona ocupando dos cargos políticos, solicitar como alcalde de Xàtiva los fondos de los citados yacimientos, y pasando rápidamente al otro lado de la mesa, cual **Groucho Marx**, autorizar semejante despropósito. ¿Recuerdan aquello de «la parte contratante de la primera parte...»?

No quisiéramos siquiera entrar en la legítima dialéctica entre los grandes museos arqueológicos nacionales y la proliferación más o menos incontrolada de pequeños museos o colecciones municipales, surgidos en muchas ocasiones al albur de la pasada burbuja inmobiliaria. Pero, con los quinquenios que lleva el propio Rus en el puesto, sorprende el despiste que parece haber sufrido, olvidando cuál es la función de los museos que dirige, como verdaderos centros de investigación y no como vulgares almacenes, que pueden albergar los objetos exhumados, conservarlos y restaurarlos. Que éstos son depositarios de piezas arqueológicas únicas, de su conservación, de su catalogación y de que en ellos trabajan técnicos especialmente formados para llevar a cabo todo ello, capacitados para dar respuesta a las peticiones de otros investigadores llegados de cualquier parte del mundo. Asista que el primer edil de la antigua Saetabis, se haya olvidado de leyes y normas jurídicas por las que se regula qué Administración, la autonómica en este caso, tiene las competencias legales, en materia de Patrimonio Histórico. De no ser por este lamentable olvido presidencial, estaríamos dispuestos incluso a celebrar la iniciativa de abrir un nuevo contenedor cultural dotado de personal y línea presupuestaria propia, lo que ciertamente resulta poco probable.

No extrañan pues, los bandazos que han jalonado la errática gestión de los museos de la diputación de la provincia de Valencia con algunos esperpénticos capítulos pendulares. Valga algún ejemplo, como la propuesta de reordenación del Centro Cultural La Beneficencia en 1909, reconvertido por arte de birlibirloque en *Centro Valenciano de la Cultura Mediterránea* de la mano del entonces diputado de cultura **Antonio Lis**, uniendo internamente Etnografía y Prehistoria en el denominado *Museo de las Culturas*, aunque acabaría denominándose *Museo de Prehistoria y Cultura Popular Valenciana*, en un vaivén nominalista interminable que inspiró unas memorables *Las migas* «SOS Museos de la Diputación» o «El Museo de Prehistoria» (**Levante-EMV, 26-1-1999**) de **Jesús Civera**.

Sin menoscabo de otros, no menos detestables, proyectos temático-culturales como el del merecidamente caído en el olvido *Parc dels Pobles Valencians*, en el complejo del Psiquiátrico de Bétera, promovido por la anterior presidencia de **Fernando Giner**.

Ni tampoco olvidar, a modo de coda final, o guía para perplejos, el cambio copernicano de estado de ánimo del espontáneo A. Rus que supone la actual propuesta de retorno a su patria chica de todas las piezas arqueológicas xetabenses del museo del vetusto Servicio de Investigación Prehistórica (SIP), frente a su también firme insistencia apenas unos años atrás (2011) en transferir con armas y bagajes museos como el MUVIM, la Beneficencia o el Museo Taurino a la entonces Conselleria de Cultura de **Lola Johnson**, con el fin, confeso, de recortar en «gastos superfluos» y evitar duplicidades en la prestación de servicios culturales.

Un episodio, a la postre tan incomprensible para algunos como para otros parecen ser las palabras vernáculas *gairebé* y *aleshores*.

Un patrimoni municipal oblidat

La mostra "Obra de Terra: *Cerámica Histórica en las Colecciones Municipales*" que encara pot visitar-se amb interés al Palau de Berbedel, antiga residència del Marqués de Campo, amb motiu de la qual s'ha restaurat el valuós retaule de Sant Vicent, encarregat en 1769 a costes dels propis guardes de l'Almodí, ens ha proporcionat l'ocasió encertada de fixar la nostra reflexió crítica al voltant dels plafons devocionals de rajoleria del segle díhuit que ací i allà moblen públicament en carrers i places els murs de vells edificis del Cap i Casal i en els que el vianant urbà no sol parar especial atenció ni detindre's a observar en detall la seua complexa simbologia iconogràfica sacra.

A tall d'exemple cal recordar el cas, en absolut excepcional d'altra banda, entre altres molts, de tres bells retaules de pisa valenciana policroma que representen a Crist Crucificat, a la Mare de Déu de la Consolació i la Presentació de Jesús en el Temple, restaurats pel popular ceramista maniser J. Gimeno i instal·lats aleatòriament en 1963 per iniciativa de l'Ajuntament de València a la Plaça de Sant Lluís Beltrán, en el carrer Trinquet de Cavallers i Corretgeria respectivament, essent alcalde per tant i en paraules del nou cronista de la ciutat F. Pérez Puche el falangiste Adolfo Rincón de Arellano (1958-1969) i el llavors Cap d'Arxius, Biblioteques i Museus José Martínez Ortiz.

Iniciativa característica del generós programa municipal franquiste d'ornamentació piadosa de la ciutat al qual pertanyien també els conjunts de manisetes del famós restaurador Jaume de Scals del Crist del Fossar de Sant Nicolau, el de la concòrdia de les "bandositats" dels Centelles i Vilaragut, en l'ara amenaçat de derrocament mur laterici de tancament de l'absis de la Seu o el del bateig de Sant Vicent Ferrer en l'església de Sant Esteve, instal·lats per la honrada i extinta Brigada de Monuments, sempre amb l'autorització prèvia i bes devot de l'anell de l'Arquebisbe Marcelino Olaechea.

Tot això amb càrrec a les arques consistorials i conformant un palmari exemple pràctic del rampant per aquelles dates Nacional-Catolicisme, aleshores en plena força. Per conseqüent i malgrat la impostura mediàtica del gest de llavat d'imatge històrica del seu progenitor com «*uno de los mayores mecenas del González Martí»* (sic) per part del *conde de Villanueva*, amb l'anuència d'una certa premsa vernacla, en ocasió de la mostra en el *Museo Nacional de Cerámica* de la seua col·lecció privada de palmitos antics *"Nuevos aires para el museo"* de maig de 2014, per més que en la seua filial opinió «*Valencia ha olvidado el legado que dejó mi padre por sus ideas políticas*» (sic), la realitat documental és que Rincón de Arellano va desballestar el Museu Històric de la Ciutat, plegant-se als capritxosos designis narcisistes de Manuel González Martí, consentint la cessió en comodat de les riques col·leccions municipals de ceràmica medieval d'Almenar i Cortina, la carrossa del marqués de Llanera (1800) i fins i tot un magnífic paviment nobiliari decorat amb una lluida escena de banquet campestre (1770-80), cedit en depòsit en 1964 i per a més "inri" inventariat errò-niament com de titularitat estatal a la col·lecció permanent d'aquest mateix museu espanyol, també de *Artes Suntuarias*, amb el núm. CE1/00531.

Retaule de manisetes. Esglesia de Sant Joan de la Creu

Desfent-se així mateix *"gratia et amore"* d'una de les majors panòplies recollides pel consistori valencià de plafons de rajoletes de fàbriques locals de temàtica religiosa (segle XVIII), a la que ens hem referit més amunt i molts altres com l'eucarístic de la Plaça del Patriarca (BRL 01.02.09) o el de la porta de l'església dels Ángels del Cabanyal, fins al punt de percebre's col·lectivament avui en dia com a segur Patrimoni Eclesiàstic el que de veritat continua essent al nostre parer sense cap dubte una col·lecció de béns mobles propietat pública legal de l'Ajuntament de València i conseqüentment de preceptiu registre al seu Inventari General de Béns (SIGESPA), a l'objecte entre altres coses d'assegurar la seua integritat material per a les futures generacions de valencians.

(Levante-EMV, 25-07-2015)

Josep Vicent Lerma

D'arqueologia i de la Guerra Civil a València

Trenta anys després de la mítica exposició "*50 Anys (1936-1986). València Capital de la República*", inaugurada per l'alcalde Ricard Pérez Casado en el saló columnari de la Llotja, que va arribar a albergar al seu interior tot un antic tramvia de fusta del col.leccioniste Lluciá Vanyó, l'anunci mediàtic per part dels nous responsables de la cultura municipal d'un renovat projecte commemoratiu ara del LXXX Aniversari de la capitalitat valenciana de la Segona República espanyola, amb el recoltzament acadèmic de la Universitat Literària (UV), ens ha esperonat a centrar el focus del nostre pensament al voltant de les poc conegudes troballes arqueològiques que es van produir en la nostra ciutat en aquells terribles anys amb motiu de les obres de construcció de refugis antiaeris per a protegir a la població civil dels bombardejos de l'Aviació Legionària italiana o de murs de resguard de monuments com ara la coneguda porta romànica de la Seu.

Al marge de la genial ficció novel·lada de Vicente Muñoz Puelles "*Notícia de la Dama del Sarcòfag*" de l'any 2008, en el que s'especulava sobre un bombardeig feixista que va poder haver tret a la llum un

Exposició València Capital de la República a la Llotja (1986). Foto A.Paricio

imaginari sarcòfag de marbre a la plaça de l'Almoyna contenint el cos embalsamat d'una donzella romana, transsumpte del relat del florentí Fonte del descobert en la Roma de 1485, corromput a l'instant com per art d'encantament davant de la mirada del propi cap del govern republicà Largo Caballero i al que ja varem dedicar en aquestes *mateixes pàgines el nostre article d'opinió* "El sarcófago de la dama" (Levante-EMV, 31-07-2011), el ben cert va ser que entre els centenars de refugis subterranis bastits per aquells atziacs anys al "Cap i Casal", en l'excavació del subsòl del del carrer de Serrans van ser trobades tres monedes romanes de bronze pertanyents respectivament al *"municipium"* calagurrità (Calahorra, La Rioja) i als emperadors Tiberi i Domicià.

En l'emplaçat entre el Palau de la Generalitat i l'antiga Casa de la Ciutat igualment es van descobrir altres tres monedes corresponents a l'emperador Marc Aureli, a la pròpia urbs de Valentia i a un as de la gens Iunia, amb cap del déu Janus en l'anvers i proa de nau en el revers.

En aquest mateix ordre de coses, en un altre refugi buidat en els terrenys de l'antic convent de Santa Caterina de Sena, disbaratadament traslladat pedra a pedra a Orriols a principis de la dècada dels 70 per a donar pas a un conegut centre comercial, les obres de defensa passiva van posar al descobert unes quantes sepultures, de les que van poder ser estudiades per Nicolau Primitiu almenys tres que fil per randa «tenían forma atautada, conformada por una pequeña pared de 32 centímetros de profundidad y 16 de grosor. Los esqueletos estaban en posición decúbito supina, con los pies orientados sensiblemente al Este, un poco hacia el Norte, sin ningún mobiliario.... cubiertas por losas delgadas y groseras de caliza, excepto una que tenía rodeno» i que avui sabem pertanyien amb total certesa tipològica al cementeri hebreu medieval del "Fossar dels Jueus".

Pel que fa als refugis de l´Eixample, a les rases dels dos de la Gran Via de Germanies i Marqués del Túria tan sols van aflorar sorres, argiles i graves estèrils, però en canvi a l'instal·lat en la de Ramón y Cajal, a l'alçada del carrer de Sant Vicent a quasi quatre metres de fondaria es va trobar un menut bust de bronze de 6,5 cms d'alt, figurant un cap barbut amb un pentinat punxegut, que segons el doctor Luís Gozalbo Paris podria identificar-se iconogràficament com una representació de Júpiter Siríac.

Finalment no podem finalitzar aquesta succinta revisió de l'arqueologia de la València republicana, de la II República Espanyola diem, sense recordar els treballs de fonamentació del mur defensiu de la vella Porta del Palau a la nostra Seu portats a cap l'any 1938, un dels pitjors anys Guerra Civil, donats a conéixer pel reputat numismàtic valencià Felipe Mateu i Llopis, en el curs dels quals entre altres materials arqueològics antics, mereix destacar-se la troballa d'un fragment de placa ceràmica sense esmaltar, impresa a motle, que contenia una imatge sobre permòdol de la Mare de Déu, als peus de la qual apareix el bou alat símbol de l'evangelista sant Lluc, de la que es conserva la part baixa del mantell, datable al segle XV pel suggeridor filacteri lateral en caràcters gòtics "...DEU DISOLATORUM".

Tot això i a manera de corol·lari ens remeteix certament, a la llum de les troballes arqueològiques contemporànies exhumades a la intervenció del pàrquing del carrer de l'Hospital, a l'existència en aquesta zona del raval de Velluters de l´obrador d'un anònim ceramista medieval valencià, especialitzat en una pràcticament desconeguda fins ara manufactura de mig relleus i imatges de culte emmotllades en fang, d'acord amb un *Know How* terrisser la filiació tecnològica del qual podria trobar-se entre coneguts mestres com Antoni Claperós i les seues escultures de terra cuita per a les Seus de Barcelona (1414-1454) i Girona (1458) o en mig relleus com el de la Verge amb l´Infant procedent de Cellers (Lleida) del Museu Diocesà i Comarcal de Solsona.

(*Levante-EMV, 28-12-2015*)

Josep Vicent Lerma

De arqueología, reglamentos y sabios

Más de tres lustros después de la aprobación de la Ley de Patrimonio Cultural Valenciano (Ley 4/98) (LPCV), de irredento desarrollo reglamentario en los años de plomo de la era popular, el pasado 4 de diciembre Radio Valencia daba puntual cuenta de la entrega del nuevo Reglamento de Arqueología el próximo enero de 2016, en cumplimiento del compromiso adquirido por la Directora General de Patrimonio Carmen Amoraga, fruto del llamado Pacto por la Arqueología Valenciana, suscrito con el Colegio de Doctores y Licenciados en Filosofía y Letras de Valencia y Castellón, congruentemente con el previo anuncio en el mismo sentido en noticia de agencia de 5 de octubre pasado avanzado por el Secretario autonómico de Cultura el historiador Albert Girona en sede parlamentaria valenciana en la Comisión de Educación y Cultura.

Solo podemos felicitar una previsión normativa que reivindicado hasta donde nos alcanza la memoria con una auténtica prédica en el desierto en forma de rosario de artículos de opinión de la índole de *"Un Copenhague valenciano en la gestión de la Arqueología"* (Levante-EMV, 14-01-2010) u *"Odisea arqueológica a ninguna parte"* (Levante-EMV, 4-05-2013). Actitud que nos exige por coherencia personal retomar y actualizar nuestras reflexiones sobre esta anhelada regulación normativa de la actividad arqueológica, hasta ahora al albur de la discrecionalidad administrativa.

Partiendo de estas premisas y hasta donde nos es dado conocer de la lógica interna de la redacción, solo puede coincidirse con la tesis de partida de que la Arqueología es una labor de investigación científica y no un mero trámite burocrático-urbanístico. En congruencia, esta esperada ordenanza no puede avalar en ningún caso una visión anticuada de la actividad arqueológica dictada por los imperativos del desarrollo urbano y de las infraestructuras del pasado "boom inmobiliario", con unos profesionales sometidos a los promotores ni una gestión postrada en manos del financiador. Como dijéramos junto a Isabel Escudero en *"Patrimonio, actores sociales y ordenación del territorio"* (Levante-EMV, Territorio y Vivienda, 16-11-2003): *«...el efecto perverso previsible de una medida progresista "quien destruye el patrimonio paga" (?), se ha convertido en "quien destruye gestiona" o "quien paga manda". En la práctica se ha producido una sustitución de un modelo de gestión y financiación pública (con sus defectos) por un modelo de financiación privada bajo la influencia de las leyes del mercado y una ausencia efectiva de controles (sin virtudes científicas)».*

Un modelo basado en profesionales liberales y empresas no es ni debe ser incompatible con la exigencia y el control por parte de los poderes públicos de una verificación no circunscrita exclusivamente a la calidad de la intervención de campo sino también a los resultados científicos obtenidos, a la divulgación y la publicación de los mismos.

Se hace imprescindible que el reglamento contemple que la praxis arqueológica requiera de una habilitación oficial tanto de los arqueólogos-inspectores como de los servicios arqueológicos municipales, los profesionales liberales y empresas que soliciten el ejercicio facultativo de la Arqueología. Eso permitiría controlar la idoneidad de los trabajos a priori y, en caso necesario, deshabilitar a aquellas firmas, que hicieran su trabajo de un modo manifiestamente inapropiado y con consecuencias irreparables.

Con tales certificados administrativos, una mercantil que desarrollara su trabajo para la *Generalitat Valenciana* en esta materia, actuaría verdaderamente en representación de la misma, lo que no sería impedimento para que departamentos de grandes constructoras con un cuerpo técnico solvente o secciones arqueológicas especializadas también pudieran obtener acreditaciones nominales propias.

Cuestiones doctrinales que en nuestra opinión deberían nacer fruto de un asesoramiento científico. Como ocurriera con los contenidos de la "Orden que regula la realización de actividades arqueológicas en la Comunidad Valenciana" del año 1987 (DOGV. 645), el nuevo ordenamiento demanda ahora para su correcta presentación en sociedad y visualización mediática en estos nuevos tiempos de regeneración ética de un necesario aval científico. Para ello es imprescindible la función del Consejo Asesor de Arqueología y Paleontología (CAAP), un olvidado órgano consultivo reconocido por la LPCV que se encuentra pendiente de convocatoria por parte de todos los responsables populares del área de Cultura, nada menos que desde 1996, aunque lógicamente necesitado de un "lifting" generacional.

Por otra parte, los profesionales de la arqueología preventiva deben ser protegidos por el nuevo ordenamiento. Deben poder actuar en nombre de la administración y responder ante ésta de su trabajo y no ante el promotor inmobiliario. Deben tener un respaldo normativo y económico frente a las expectativas científicas de la institución y la sociedad para la que trabajan (objetivos, métodos, conservación, tratamiento de los restos conservados y composición y desarrollo de las memorias científicas y publicaciones (?) para dejar de ser meros forenses de la Historia y convertirse en los traductores de las realidades sociales de un pasado que interesen a nuestra sociedad. Para ello es necesario que su actividad pueda inscribirse en proyectos científicos de largo alcance evitando así el divorcio entre centros de investigación (museos, universidades) y la arqueología preventiva.

No podemos estar más de acuerdo con las recientes declaraciones del presidente Ximo Puig, cuando afirmaba tras el 20D que es «el tiempo de la humildad» y por ello es necesario que ese reglamento surja de un amplio consenso social con todos los actores científicos, institucionales, económicos y sociales implicados: los arqueólogos colegiados (incluidos los de Alicante), la patronal de las empresas de arqueología (Asemarq), las universidades valencianas, los museos y los servicios municipales; sin olvidar a los ciudadanos que de una u otra manera organizada y colectiva han sufrido o defendido el patrimonio de este país.

Sabemos que un proyecto de esta envergadura es complejo pero siguiendo la inspiración de A. Ricci, en la ciudad eterna, Roma, en su libro «*En torno a la piedra desnuda, Arqueología y ciudad entre identidad y proyecto*», solo así puede darse un correcto «uso público de la historia» (la esencia de la política patrimonial) que haga conmensurables las diferentes velocidades de las políticas patrimoniales y el urbanismo que requieren de «intervenciones de adaptación y transformación en tiempos mucho más rápidos que los impuestos por la investigación arqueológica de campo».

(*Levante-EMV, 07-01-2016*)

València, seda o llana ?

La visura d'un plat singular de ceràmica pintada en verd i manganés, provinent d'una intervenció arqueològica dirigida per l'experta arqueòloga A. Viñes en el carrer Triador del castís barri valencià de Velluters, ha esdevingut un gaudi inesperat per als nostres ulls. Ens regala una escena fins ara desconeguda en el ventall iconogràfic de les ceràmiques dels obradors de Paterna.

Un dels personatges representats, el diable, es quasi inèdit entre les icones que fins ara s'han descobert com a ornat d'aquesta vaixella de taula bona, en ús durant la primera meitat del segle XIV. Tan sols es coneix un altre fragment de plat que llueix un diable barbut amb menudes banyes pintat entre un cavaller principal i una dama que dansen units per les seues mans alçades. Fou descobert anys enrere per l´arqueòleg Josep Burriel vora a les olleries trecentistes de la antiga Pobla del Bisbe (Barri del Carme), en un moment en que la sederia urbana a València era encara en la seua infantesa..

Tanmateix, la singularitat temàtica d'aquest bestial *Dimoni de Velluters* sembla donar alè a la hipòtesis de que esta extraordinària peça d'obra de terra seria fruit d'un d'encàrrec.

La peça descoberta ara, arribada als magatzems insondables del Servei d'Arqueologia Municipal de València (SIAM), ens obria a tots dos una porta per posar l'accent sobre una qüestió que ens havia fet sofrir des de les acaballes dels solstici d'hivern fins al migdia de l'equinocci de primavera: la seda. Així mateix, ens feia levitar sobre una altra: la iconografia de la bèstia, del diable, del Satán del Llibre de Job, o del Beelzebub de l'Evangeli de sant Mateu, en aquests àmbits culturals i cronològics.

El tallador, al seu interior, dins d'un cercle que l'envolta com un astre, ens presenta dos personatges.

A la dreta un *paó* estilitzat, en peu, amb cua desplegada discretament. Cos i ales motejades, riques en detalls com si fos un paó islàmic. Amb el bec juga amb una tija vegetal, com una mena de falaguera irreal que ompli el blanc del plat. Amb una de les ungles de la pota arrossega el fil provinent del que és, indefectiblement, l'epicentre iconogràfic i l'òmfal del missatge primordial: una *creu*, a mode de viril, amb els extrems tri-lobats, que actua de roda de filadora i en la que s'enrosca i es fila.

A l'esquerre, també envoltat per una vegetació més simbòlica que real, en peu, *la bèstia*. Fragmentària, només coneixem la meitat sobi-rana del cos. És com una mena de monstre amb costelles marcades, en peu i amb gests antropomorfs. Cap amb orelles punxegudes i rostre amb bancada ferotge oberta, d'ampla gola, que deixa entreveure les dents i, potser, un clau desviat. Al cos es marca el costellam; és flac com un llop famolenc. Amb una de les urpes sosté un fus amb abundant fil cabdellat i amb l'altra sosté una filadora de mà amb els fils que formen un trian-gle doble, a mode d'estendard.

Representació de l'entelèquia del bé i del mal, la qual trobem als evangelis adobada amb sàvia mescladissa amb la pensa de Plató. Tots dos filant. La filatura com a representació del transcórrer del món. La bèstia, el diable, fila i fila. El paó, símbol de la resurrecció de Crist i de l'eternitat de l'ànima, quiet i transcendent, amb una de les ungles apres-sa un fil que surt del filat amb la creu de Crist.

Fila la temptació, associa-da al pecat i al diable. Fila l'esperit d'amor, associat a la salvació vertadera.

El nostre diable no és el de la Bíblia, el del Gènesi o la visió de sant Joan Evangelista en l'Apocalipsi, amb formes de drac o de serp, si no l'extret i modelat en les representacions pictòriques i escultòriques del romànic; present en frontals d'altar, retaules, capitells i relleus: un monstre o bèstia deforme, nu, amb orelles apuntades, urpes.

A l'Edat Mitja triomfa el dualisme entre el bé i el mal o *Psichoma-quia*. És el moment de màxim apogeu del diable. El convenciment de la seua existència, la superstició i tot un ventall de fantasies genera que el diable sigui present i es manifeste en cada acció que genera la vida.

La literatura destil·la i atesta aquesta omnipresència del diable. Dos exemples, entre més que les incomptables gotes de la mar.

La Divina Comèdia, obra de Dante Alighieri (1265? – 1321) i, en especial, la part primera, en què ell mateix passeja de la mà de Virgili arreu els diverticles de l'Infern.

Bocaccio ens adverteix que el naixement del florentí fou anunciat amb un auspici afalagador. La seua mare, amb el poeta al ventre, va tenir una visió o somni: era sota un llorer altíssim, enmig d'un prat extens amb una font que brollava aigua i va veure com l'infant estenia la mà petita cap a la frondositat, menjava baies i es convertia en un paó magnífic.

A la passejada literària per l'Infern veiem la seua coneixença extremada del Llibre Sagrat i, alhora, de tota la saviesa i tradició de l'antiguitat grecoromana; en especial, l'obra de Plató o Aristòtil. Un tret que marca la cultura dels nostres reis, de la nostra noblesa i dels nostres escriptors i poetes. Paren, si no, en el contingut de les biblioteques d'Alfons el Magnànim, del duc de Calàbria, dels March o dels Centelles, que ens procuren copiosos inventaris i que manifesten en les seues pertinences obres cabdals de l'Antiguitat i de l'Escolàstica.

Dins de l'Infern, el cant trenta-quatre s'inicia amb les paraules "*Vexilla Regis Prodeunt*". És més que curiós com Dante endinsa el lector a la coneixença del semblant de Lucífer just amb les tres paraules amb què l'Església celebra l'exaltació de la Creu. Per a alguns, el florentí profanà les paraules sacres, mentre que de debò el que pretenia era recordar amb la visura del diable l'emblema de la redempció i, així, proclamar el triomf de la divinitat sobre el mal. Diable i Creu, en conjunció amb el fil de la vida, són, alhora, en el nostre plat i, ara, en el nostre banquet de paraules.

En el cant seté del Paradís dantesc, descobrim la seda present en una metàfora:

La mia letizia mi ti tien celato,
Che mi raggia d'intorno, e mi nasconde
Quasi animal di sua seta fasciato.

Les dites i sentències que descobrim, entre d'altres, en llengua castellana o italiana, en són ben il·lustratives. Durant aquests segles els pobles i les tradicions populars han anat acollint el diable i adaptant-lo a la seua mentalitat col·lectiva en el refranyer. El diable és vigent en els refranys. El diable és mestre expert en la perfídia. És vell i té l'habilitat proverbial de l'engany. El diable, però, no és invencible.

Locucions i refranys que transcendeixen en obres literàries cultes i apòcrifes. Parem en el feix que descobrim en la *"Sobremesa y alivio de caminantes"* (1563), del nostre genial Joan de Timoneda, que encara no ha rebut el llorer que es mereix.

I per acabar, a tall posem l'accent en aquest, que ben bé podria unir-se, amb filacteri gòtic, a l'univers que envolta el nostre plat tallador: *Il diavolo è sottile, e fila grosso*.

(*Levante-EMV, 11-06-2016*)

Josep Vicent Lerma - Josep A. Gisbert Santonja

Tallador del Dimoni de Velluters (segle XIV)

La palmera d'Eugenia Viñes 41

Quan el meu germà major va naixer al 1950 els nostres pares varen plantar la llavor d'una esquifida palmereta a l´escocell del pati davanter del xalet aleshores número 41 del carrer d´Eugenia Viñes, bastit en 1905 pel mestre d´obres José Peris originalment com a número de policia 26 a la salvatge platja de Levante, on encara hi havien calafats de barques no massa lluny del mític balneari "Las Arenas", per tal com cuants més anys aniria complint l´hereu, més alçada arribaría a tindre amb el temps aquest emblemàtic arbre del desert en la seua recerca cenital de llum…

Així les coses i donat que tornar sobre ú mateix no sembla esser sempre un signe de manca d´idees, sinó tot al contrari un gest de resistencia, de no voler passar fulla, de bell nou he volgut veure aquelles velles i sovint mínimes fotografíes familiars en blanc i negre, quasi oblidades dins d´una humil caixa de llanda casolana.

Vora a la palmera àrab (*Phoenix Dactylifera*) mascle que poc a poc presidia des de més alt l´escena, floria cada estiu un autòcton baladre blanc i una parra trepadora de fulla poruga, composant el panorama intim de la nostra infantesa, a la manera en que l´entenia Rilke com a "Patria de l´Home" i sota la que varen pasar més o menys per la década dels 70 personatges com ara l´estudiós de vies romanes castellonen- ques Antoni Muñoz, amic de Miquel Tarradell o el savi geogràf ale- many Karl W. Butzer, anys després, fins que malauradament molt més tard tal com narraba certament el periodiste de soca-rel Manuel Peris a l´article d´opinió *"La Noche de Rita Barberá"* (EP. 12-04-2014), el seu bord projecte gentrificador anomenat coentament *"Balcón al Mar"*, amb galàctiques piscines olímpiques mai construïdes, finalment va fer derrocar per la piqueta i tombar per terra per les máquines excavadores aquests centenaris hotelets d´estiueig maritim de la xicoteta burguesía valenciana de *Las Arenas*, ressò llunyà de les cases del *Malecón de La Habana*, al caliu del boom de la rajola i de la *Copa del Ámerica* (2007). Destrossa patrimonial que ja varem fer públicament palesa en aques- tes mateixes planes a la nostra col.laboració junt al documentalista F. Monfort *"El Paradigma de lo irrepetible"* (Levante-EMV, 7-07-2001).

Paisatge de postal perdut per sempre d´aquestes populars contrades marineres del Canyamelar, completament anihilat fins a les arrels del seu històric parcel.lari catastral, si no fos per que com deia la cançó de Raimon «*Quan creus que ja s´acaba, / torna a començar, / i torna el temps...*» i avui malgrat totes les desfetes i cops de mar patits i com a corol.lari, encara s´alça, una mica de gaidó pels vents de Llevant, al mateix lloc, seixanta-sis anys després, l´esponerosa palmera o "Arbre de la Vida" dels nostres somnis.

(*Levante-EMV, 31-08-2016*)

 Josep-Vicent Lerma

Palmera al carrer Eugenia Viñes

El parto de los montes
de la arqueología popular

Desde que al inicio de esta legislatura la directora general de Patrimonio, Carmen Amoraga, anunciara su compromiso, fruto del denominado Pacto por la Arqueología Valenciana, de sacar adelante el irredento, desde 1998, Reglamento Regulador de las Actividades Arqueológicas en la Comunitat Valenciana, nos desayunamos estas semanas, sin mayor anuncio oficial, con un borrador del mismo, en la página web oficial del área de Patrimonio Cultural y Museos de la Conselleria de Cultura.

Una presentación virtual que nos faculta para poder analizar el potencial alcance de los contenidos de su articulado y la filosofía misma del modelo que finalmente parece que va a prevalecer, negro sobre blanco, en la gestión del patrimonio arqueológico de los valencianos, a la luz de nuestros anteriores artículos "De arqueología, reglamentos y sabios" (Levante-EMV, 8-01-2016) y "Preguntas sobre patrimonio en busca de respuesta" (Levante-EMV, 19-03-2016).

De la lectura de esta normativa patrimonial, pendiente de su definitiva aprobación, se colige que la meritoria y compartida consideración del trabajo arqueológico como «actividad científica» reivindicada en el Preámbulo normativo, se diluye en beneficio de una actividad tecnócrata a lo largo de su articulado, como intentaremos demostrar.

El continuista documento de inspirada autoría funcionarial, asentada en la Dirección General de Patrimonio Cultural de los sucesivos gobiernos autonómicos del Partido Popular, ha sido cocinado con una receta que ratifica y consagra el heredado y todavía vigente paradigma de una arqueología empresarial de libre mercado, con el ingrediente principal de la figura del promotor inmobiliario. El necesario control de los poderes públicos como garantes de la «actividad científica» arqueológica va desvaneciéndose a lo largo del texto, incapaz de articular medida alguna que regule y permita controlar la calidad científica de la ingente cantidad de datos primarios obtenidos en los procesos extractivos del subsuelo de nuestras ciudades, para acabar convertidos en historia de las gentes sin historia.

Un buen ejemplo del tancredismo que contagia todos los niveles de la estructura del Estado es la inacción y mutismo de la Dirección General de Patrimonio Cultural ante la revelación, por un conocido diario de alfabético nombre, del uso de los trabajos arqueológicos en Pardines (la Safor) para ocultar sobrecostes en las facturaciones del caso Acuamed. En el auto de prisión del gerente de la mercantil se afirma que se adjudicó un proyecto con prospecciones arqueológicas por valor de 15.000 euros que acabaron liquidándose por 1,1 millones de euros «enmascarando esos importes hinchados en inexistentes trabajos de arqueología». Si el poder judicial está ya al tanto de estas cuestiones, a día de hoy no podemos decir que la dirección general, valedora científica de esos trabajos, haya tenido reacción oficial a la implicación científica que conllevan esas revelaciones. Con el borrador del reglamento en la mano se consolida, previo maquillaje, y alcanza rango normativo el *laissez faire, laissez passer* arqueológico de irreparable daño imperante en la praxis pública de los últimos 20 años.

Concluiremos, a modo de coda culinaria, que, como bien es sabido, un guiso puede no gustar necesariamente a todo el mundo. Pero cuando ese mismo viático entra en contradicción profunda con los valores preconizados por la coalición gobernante/dueño del restaurante, puede razonablemente pensarse que la solución es cambiar de tendencia culinaria (algo menos de cocina de mercado, en beneficio de una cocina de investigación con unos toques de cocina creativa) o, sencillamente, despedir al cocinero.

(*Levante-EMV, 15-11-2016*)

De Reims a Benicarló:
Azaña y el patrimonio cultural

En el diálogo sin pausas ni ritmos escénicos de «*La velada de Benicarló*» (1937), escrito por Manuel Azaña, al final del texto hace una larga digresión sobre el patrimonio cultural que me era completamente desconocida. Un texto redactado por el presidente de la República en 1937, de recomendable lectura en su 80º aniversario por la lucidez y la clarividencia de sus análisis a dos años del final de la contienda.

El personaje de Morales, el escritor, que pone voz al Azaña intelectual, cuenta al resto la sensación de desamparo y perdición que albergó cuando en València, capital de la República, corrió la voz de que los aviones de las fuerzas rebeldes habían bombardeado el Museo del Prado de Madrid. El personaje afirma que, de dirigir la guerra habría que alcanzar un acuerdo de «inmunidad de lo bello y lo histórico» que sentencia con la frase «Matémonos si queréis, pero salvemos de acuerdo nuestras obras de civilizados».

Muy lejos de ser siquiera conocedor de la obra del presidente, creo vislumbrar en esta reacción una consecuencia directa del viaje que realizara el ya maduro Azaña en el otoño de 1916, al frente francés de la I Guerra Mundial, formando parte de una delegación de intelectuales solidarios con Francia, entre los que se encontraban los historiadores Menéndez Pidal y Américo Castro. Las reflexiones motivadas por aquel viaje fueron pronunciadas en una conferencia el 25 de enero de 1917 en el Ateneo de Madrid: « *Reims y Verdún: impresiones de un viaje a Francia* », Madrid, 1917. En la capital del champagne, Azaña pudo comprobar de primera mano los efectos del acto vandálico realizado por las fuerzas alemanas sobre Notre-Dame de Reims, *la belle*, la guapa para los nativos. Con el pretexto de que las torres campanario eran utilizadas como puestos de observación de los movimientos de las tropas germanas, el ejército alemán bombardeó en 1914 hasta incendiar y destruir casi por completo la catedral de las coronaciones reales y alto contenido identitario francés. Las gárgolas vomitando plomo fundido de las vidrieras de la catedral del siglo XIII todavía pueden contemplarse en el museo diocesano del palacio de Tau, para conmoción de sus visitantes.

Es probable que el presidente conociera las vigentes normas de la convención de la Haya de 1907 en términos de protección de los edificios de culto y de valor patrimonial, pero lo que más nos interesa son las argumentaciones con las que el presidente defendía esa cláusula de respeto por « la belleza y lo histórico » que tienen especial valor en el momento actual, cuando nos preocupamos por la destrucción del patrimonio universal por el Estado Islámico.

Haciendo alusión a que ciertas destrucciones de patrimonio ya eran un hecho en 1937 en ciudades como Mérida, Toledo o Madrid, el escritor Morales defiende que el destino de esos bienes culturales donde permanece el « patrimonio espiritual » no parece preocupar a los contendientes de la guerra. A tal afirmación, Pastrana, trasunto de "prohombre socialista", afirma que « será desgarrador perder los monumentos de nuestra civilización, no por históricos sino por actuales, operantes en nuestro espíritu ». Distingue así, en línea con las teorías más recientes un patrimonio productivo, en el sentido capitalista del término, como el valor de las cosas que se transmiten en una mercantil y al que no acceden todas las capas sociales por igual y los « monumentos españoles, parte improductiva del patrimonio nacional », como un patrimonio que sí es de todos, siquiera nominalmente, pero que lo es precisamente, por infructuoso.

A estas alturas, no es de extrañar que Azaña conocía bien el origen del concepto patrimonio como el conjunto de bienes que se transmiten y conservan de generación en generación para definir una nación. Pero parece más interesante resaltar que en esa definición no había ningún rasgo de esencialismo. La idea patrimonial del jefe del Estado no tenía nada que ver con la inmanencia del espíritu español, sino de aquellas contribuciones hispanas a los valores universales. Al igual que la concepción de la patria, Azaña tenía una idea republicana del patrimonio cultural en la que rechazaba toda añoranza histórica. Su visión es moderna y rupturista, un nuevo proyecto social que toma impulso en una « cultura tradicional en permanente renovación » (S. Juliá, "Las patrias de Manuel Azaña", en *Historia de la nación y del nacionalismo español*, 2013)

Ese proyecto social era personificado por Ricardo de Orueta, hombre de la Institución Libre de Enseñanza y Director de Bellas Artes entre 1931 y 1936, con Azaña de primer ministro y presidente de la República más tarde. El enfoque patrimonial de este historiador del arte se plasmaría en la "Ley del Tesoro Artístico Nacional", de la que fue relator, y vigente hasta la Ley de Patrimonio Histórico de 1985. Esta ley desarrollaba el artículo 45 de la Constitución de 1931 y estipulaba las reglas de formación de un inventario del patrimonio histórico-artístico nacional. La frase de Azaña « matémonos si queréis, pero salvemos de acuerdo nuestras obras de civilizados » es una declaración de principios sobre la impotencia ante la guerra y la necesidad de preservar aquello que nos une (entre generaciones, entre clases, entre culturas y religiones…) como contribución a los valores universales, 35 años antes de la creación de la lista del Patrimonio Mundial de la UNESCO. Esos mismos valores universales de modernidad que son cuestionados por el Estado Islámico cuando destruye el patrimonio preislámico para obtener ingresos con su venta y con la intención de amplificar el impacto propagandístico de sus actos.

Las lecciones son sencillas de extraer. La primera es que no estamos tan lejos del vandalismo yihadista como creemos, tan solo nos separa algo más de un par de generaciones. La segunda es que los valores universales no lo son tanto. La identificación de la nación con una religión, que distanciaba a Azaña del catolicismo exclusivista de Menéndez y Pelayo, es precisamente la coartada que usaron los talibanes para destruir las estatuas de los budas de Bamiyán en 2001. En tercer y último lugar, como son relativos, los valores que definen una sociedad, como la nuestra, necesitan de una discusión («salvemos de acuerdo… »). Para dar nacimiento a una ley que proteja y conserve debemos consensuar, discusión mediante, qué merece ser conservado y protegido de la destrucción y del olvido; en definitiva, se trata de determinar qué valores propios creemos que contribuyen a los valores universales.

De lo contrario, tendremos que resignarnos como dice en un momento el escritor Morales de *La velada de Benicarló*, en clara alusión a la Casa de Velázquez, creada en 1920, a que «vengan a buscar vestigios entre montones de arena y ceniza los sabios de algún instituto extranjero».

(*Levante-EMV, 31-08-2017*)

Ricardo González Villaescusa

¿Qué será de la Nueva Ley de Patrimonio Cultural y Museos?

Quienes seguimos aspirando a que las disciplinas sociales formen piedra angular en la construcción intelectual de la línea argumental de la separación de hechos históricos y juicios de valor, no podemos por menos que congratularnos de la edición del nuevo libro *Basta con vivir* de la Directora General de Cultura, la escritora Carmen Amoraga, así como de la publicación en el DOGV el 26 de octubre pasado del decreto 107/2017 por el que se aprueba el *Reglamento de regulación de las actuaciones arqueológicas en la Comunidad Valenciana*. Considerando que este último recupera la figura institucional del *missing* Consejo Asesor de Arqueología y Paleontología, y que siempre será mejor un reglamento imperfecto, en el cual se consagra la "arqueología de mercado", que la hasta ahora reinante discrecionalidad administrativa de la incombustible jefa del Servicio de Patrimonio Cultural Consuelo Matamoros.

Dicho lo cual y mediados los artículos de opinión de cosecha propia de la actual añada "*Leyes, líos y ayes*" (Levante-EMV, 17-03-2017), "*Fundaciones, Arte y Patrimonio*" (Levante-EMV, 23-05-2017) y "*De Reims a Benicarló: Azaña y el Patrimonio Cultural*" (Levante-EMV, 31-08-2017), donde loábamos el punto final a la política de permanentes zurcidos de la antigua Ley 4/98 del Patrimonio Cultural Valenciano, alumbrada bajo el primer mandato del adalid de la demolición del teatro romano de Sagunto, Eduardo Zaplana. Además alertábamos sobre la necesidad de arbitrar, en el anunciado Anteproyecto de Ley de Patrimonio Cultural y Museos (LPCyM), los necesarios mecanismos administrativos de la Generalitat de tutoría y regulación públicos del cuantioso patrimonio vernáculo en manos privadas de las rutilantes fundaciones culturales de la burguesía de Mercadona, así como también clamábamos contra el éxodo oculto de obras de arte valenciano como la tabla del Maestro de Perea "*San Damián matando a su padre*", de fines del siglo XV, puesto en almoneda en Madrid por la casa de subastas "Fernando Durán".

Corresponde ahora, para saber dónde nos encontramos administrativamente hablando, recordar el acto oficial « Hacia la nueva Ley de

Patrimonio Cultural Valenciano » oficiado en el cubo amarillo de la Universidad Politécnica el pasado 27 de junio por el Subdirector General de Patrimonio Antonio Bravo, junto a la citada más arriba C. Matamoros y la profesora de urbanismo María Emilia Casar, moderados por el maestro de arquitectos F. Taberner.

Mesa redonda en la que se desgranaron y clasificaron de un modo neutro algunas decenas de sugerencias de colectivos y particulares a los futuros contenidos de la misma ley que fue tildada, sin rubor, de ley de cuarta generación, aportados en la preceptiva fase de Consulta Previa, con la inexplicable omisión de propuestas por parte de las asociaciones profesionales de arquitectos. En dicho acto, y desde la perspectiva más política del economista A. Bravo se ironizó en torno a la actual identidad cultural de los valencianos, que fue definida acerbamente por el hecho diferencial de la sistémica infrafinanciación de la Comunitat Valenciana.

En este orden de cosas, con el invierno a las puertas, y sabido por todos que el Consell necesita no menos de una media de 400 días para sancionar en sede parlamentaria sus leyes del cambio, aquellos proyectos y proposiciones que no lleguen a Les Corts como máximo en febrero del próximo año 2018, tendrán una muy difícil plasmación final en letras de molde en el *Diari Oficial de la Generalitat Valenciana*. Lo que, de paso sea dicho, no acaba de entenderse muy bien, por qué se aprueba un nuevo y durante dos décadas deseado reglamento, y acto seguido se postula tramitar un nuevo marco legislativo, salvo que se quiera hacer bueno el famoso adagio de Romanones.

No deja de abrumar, pues y para terminar este exordio de nuestras cavilaciones leguleyas, qué quiso decir realmente la Directora General C. Amoraga cuando después de la reunión de julio de la Mesa de la Cultura Valenciana, de acuerdo con los plazos de la propia Conselleria de Cultura, anunció que sería finalmente en 2018 cuando la nueva normativa se concretaría. ¿Qué en ese año se aprobaría oficialmente la LPCyM o que entonces ya se dispondría de un primer articulado del texto para remitirlo a la cámara autonómica y quedaría aún pendiente su ratificación parlamentaria para la siguiente legislatura 2019-2023?

(*Levante-EMV, 04-12-2017*)

El periodista, l'escriptora i el Conseller

El passat dia 4 de febrer pontificava encertadament el periodista llangardaix Juan Lagardera en la seua clàssica columna de Levante-EMV « No hagan olas » sobre la política de gestió cultural del país dels valencians i la seua presumpta perduda de pes específic en aquesta atribolada legislatura del Govern del Botànic, quan precisament tot un seguit de cessaments de caps de servei (Arqueologia, Museus, Arxius i Biblioteques) de tercer esgraó, pertanyents a la Direcció General de Patrimoni Cultural i Museus de la silent Carmen Amoraga, semblen venir a donar-li la raó en el fet de que el Patrimoni Històric pàreix haver esdevingut una pura assignatura "maría" en el relat d'una Conselleria d'Educació, en la que al marge de la seua evident capacitat d'autoorganització administrativa, la Cultura en majúscula i el llegat patrimonial en particular, resulten al cap i a la fi quasi sempre orgànicament devaluats.

Per més que com mantenen J. Ruíz i R. Montaner en el seu reportatge « Marzà mueve la cúpula funcionarial… » (Levante-EMV, 7-02-2018), els canvis previstos en el departament de Cultura han passat per l´acomiadament de la cap de servei Consuelo Matamoros, ja advocat per nosaltres en una metafòrica coda o cua culinària de l'article « El parto de los montes de la arqueología popular » (Levante-EMV, 15-11-2016), en el que previsorament ja proposàvem "despedir al cocinero", amb la qual cosa segons pareix es guanyaria una esdevenidora Subdirecció General en la "ventafocs" i en conseqüència ara encara poc eficient àrea orgànica de patrimoni i museus valencians.

Panorama en què els successius retards en la tardana eixida de l'orde (28/2017) de bases reguladores de les subvencions econòmiques del Servei de Patrimoni Moble, de la també hui cessada Carmen Sugrañes, han arribat a armar el colp de dalla pràcticament definitiu de molts dels menuts museus locals que fiten i donen vida cultural a tantes comarques valencianes. En aquest sentit, les administracions públiques tenen i han tingut sempre unes consignacions pressupostàries ínfimes per a intentar satisfer la fam permanent d'aquests museus, amb l'excepció d'alguns pocs centres museístics privilegiats o fundacions, que han engreixat des de fa dècades a recer del pessebre institucional dels subsidis de diners públics, ajudes destinades a cofinançar inversions en equipaments, treballs de catalogació de fons o la programació d'activitats de difusió d'aquesta xarxa, virtual i esfilagarsada, de la resta dels nostres museus.

Perquè al remat i malgrat tot que els logografes del conseller d'Educació Vicent Marzà reivindiquen negre sobre blanc « Un tracte just per al poble valencià, també en cultura » (Levante-EMV, 19/06/2017), no és menys cert que tal com va descobrir aviat al març de l'any passat al periodista Carlos Garsán l'esmentada més amunt directora general del ram, amb assumida i confessa data de caducitat, Carmen Amoraga, fil per randa « Cultura está en una macroconselleria y eso es parte del problema ». Dialèctica organitzativa, que d'altra banda, ben bé podria resoldre's properament en un senzill canvi del cuiner en cap al front dels fogóns de la cultura valenciana, mentrestant no es resolga la populista baralla de campanari de la tornada de la Dama a Elx, ara també acompanyada per la "Dama de Baza", demanada al seu torn pel Partido Andalucista al crit de « La Dama pa Baza » des de l'any 2015.

(*Levante-EMV, 02-03-2018*)

Dama d'Elx. Museu Arqueològic
Nacional. Madrid

Relato apócrifo de una mayólica

Como quiere la magistra óptima de arqueólogos la benemérita Carmen Aranegui, más allá del descrédito de algunos episodios crepusculares de los últimos años de la Arqueología vernácula, el viaje a cualquier tiempo pasado requiere, a modo de viáticos, de algunos prolegómenos intelectuales, como entender que los objetos antiguos nos cuentan a su modo las historias olvidadas de los artesanos que en su día los labraron, de los anónimos personajes que los utilizaron para su servicio o de los marinos que los transportaron por encima de las ondas de mares y océanos. Pero para ello, tales artefactos deben ser aprehendidos como lo que en último término son, un acopio de trabajo humano y de ahí la relevancia semántica de los contextos de hallazgo de los mismos. Como en el caso de un notable plato de ala de mayólica azul de la serie itálica calligrafico naturalistico de Savona (Génova), exhumado hace más de un lustro en una cripta subterránea del desaparecido convento de Nuestra Señora de la Esperanza, junto a la barriada de Marxalenes, en el también sacrificado Hort de l'Estrella, en compañía de lozas de color verde y azul del estilo de la localidad aragonesa de Muel y de reflejo dorado de Manises de los siglos XVII–XVIII (Levante-EMV, 16-01-2013).

En realidad se trata de una elegante pieza de vajilla de mesa esmaltada en blanco de estaño, poco profunda, pintada en azul cobalto monocromo en el centro con el conocido tema de la pagoda budista o pabellón oriental, flanqueado por el motivo vegetal denominado «plantas acuáticas», rodeado todo ello por una característica cenefa de lirios y florecillas a quarteri, imitación de los años 1628–1650 de las porcelanas *bleu et blanc* Wan-li, que en los documentos de la época se describen de un modo explícito como «porzeletta de China» y que significativamente encuentra un apropiado paralelo formal con escena de aves en la colección mallorquina Orlandis, revelando el periplo insular mediterráneo de la misma, desde los entonces afamados centros ceramistas ligures hasta la capital del antiguo reino de València.

Delicada manufactura que ilustra a la perfección, como ha recordado recientemente David Munuera del Museo Nacional de Arqueología Subacuática de Cartagena (ARQVA), la moda universal o gran demanda

del Viejo Continente de porcelanas chinas, surgida a raíz del establecimiento en 1565 de la gran ruta marítima interoceánica que unía Asia
con Europa por medio del llamado «Galeón de Manila», así como el fenómeno global de los intentos de imitación por parte de alfares penin-
sulares como los de Barcelona, de donde surgieron las lozas conocidas
por los anticuarios como de «Escornalbou» y Talavera de la Reina, con
sus series barrocas de orlas compartimentadas, vistas en la exposición
antológica «aTempora» (6.000 Años de Cerámica en Castilla- La Man-
cha) (2018/19).

Mercaderías finas «Obra de Génova» ya consignadas en el impuesto
local o sisa de pass del Consell, que viajaron por mar a lo largo del siglo XVII hasta el Cap i Casal junto a otras labores ceramistas, como el
azul «berettino» del plato hondo con borde convexo, decorado con una
arquitectura doméstica, enmarcada con cenefa a quarteri, del lote exca-
vado en el subsuelo de la Casa Abadía de la huertana iglesia de Nuestra
Señora de la Misericordia de Campanar y que también encontramos en
otros muchos puertos de nuestro mar común como Ciutadella, Dénia
o Xàbia.

Por consiguiente, si de lo que se trata es de aportar lucidez al caos y
si como sostiene J. Lagardera en su artículo en estas mismas páginas
de Levante-EMV «De Juego de Tronos a The Crown» (2017) «la Historia no es un acontecimiento objetivo sino una interpretación», para
concluir esta modesta biografía del plato genovés que ahora nos ocupa, debemos poner aquí punto y final a esta breve narración canicular,
predicando como seguramente después de más de medio siglo de uso
doméstico cotidiano, finalmente acabaría sus días de brous de cuchara
al convertirse, por sus propias excelencias de belleza intrínseca, en un
consagrado plat de combregar enfermos impedidos o de pernoliar, en
el que un anónimo sacerdote católico administraría los postreros santos
óleos con bolas de estopa a alguna monja recoleta de alcurnia, antes de
ser amortizado definitivamente junto al cuerpo de la misma, en el oscuro interior de una de las criptas o vasos sepulcrales del mencionado al
principio de este artículo antiguo Convento de religiosas agustinas de
la Esperanza de València, en tiempos cercanos a los convulsos años de
la Guerra de Sucesión y de acuerdo con este específico ritual funerario
de los recipientes para la unción o con sal penitencial para demorar la
descomposición corporal, depositados habitualmente sobre el vientre,

el pecho o en la cabecera de los inhumados, bien documentado en tierras valencianas y aragonesas, así como igualmente en las castellanas de la iglesia de San Pantaleón de Quintanalara (Burgos).

(*Levante-EMV, 23-07-2019*)

Josep Vicent Lerma

Plato de loza azul de Génova « porzeletta de China »,
Antiguo convento de la Esperanza

Soliloqui de "Mar i Món"

Quan cap a mitjan mes d'abril del present any 19 vam tindre tràgica notícia del prematur decés de la nostra col·lega i companya de professió l'arqueòloga de raça Josefina Marimón Martín, un natural sotrac va commoure tot el col·lectiu arqueològic de València, fruit de la funesta sorpresa del seu inesperat traspàs i de la seua expressa voluntat de mantindre a l'àmbit de la més estricta intimitat familiar el seu darrer ingrés hospitalari cap al febrer passat, així com també va suscitar espontàniament a les xarxes socials diferents veus d'amics, afins i alumnes, tot i propugnant la celebració d'alguna mena d'homenatge públic a la seua sempre abnegada tasca a favor de la recuperació del patrimoni històric valencià, en llocs, per ser brevíssims, tan emblemàtics com l'església de la Sang de Llíria, les excavacions de la Almoina a València, els forns romans de la Llobatera (Riba-Roja del Túria) o el monestir cistercenc de Santa Maria de la Valldigna (Simat de la Valldigna).

Però el cert i veritat és que, transcorreguts alguns mesos i les nombroses obligacions professionals de totes i tots, els silencis d'alguns i vista la manifesta incapacitat autoorganitzativa per ajuntar-nos i implementar l'ausades merescut tribut o acte acadèmic de reconeixement popular a Fina Marimón des del sector de l'arqueologia professional i, atés que l'obituari no és pas un gènere literari de la meua devoció, em resolc ara i ací, per ventura de l'enyorança de la joventut viscuda junts i del pesar propi dels ocres de tardor, a rememorar o el que és la mateixa cosa, tornar a recordar un dels moments inoblidables compartits amb una jove i altruista Fina Marimón, que ja al 1982 col·laborava desinteressadament a les pioneres excavacions dutes a terme pel Servei d'Investigació Arqueològica Municipal (SIAM) als números de policia urbana 23-25 del valencianíssim carrer de la Mar, concretament a les rases B i C, on fins als 3,60 metres sota el terra s'estenien els substrats imperials romans, que Marimón espàtula i paleta recollidora en mà desenterrava amb amorosa destresa professional, analitzant acuradament, un rere l'altre, menuts fragments de rogenca terra sigillata, llànties d'oli i àmfores del primer segle de la nostra era, fins que en un instant irrepetible de la nostra petita història compartida, com si fos una fotografia única on el temps s'atura, en extraure algunes minses paletades d'argiles al·luvials del Túria, es va revelar davant els seus sempre lúcids ulls una pròdiga solsida de pintures murals al fresc d'estil pompeià.

En mig dels retalls trossejats d'estuc pintat era possible reconéixer notòriament encara dos mil·lennis després, en concret en un d'ells, les sorprenents traces cromàtiques i lluminoses pinzellades d'un anònim artista antic, que componien sense cap dubte la imatge icònica del mitològic cavall amb ales Pegàs, sobre fons negre, nascut de la sang vessada de la medusa Gorgona, que provinent del mosaic del carrer del Rellotge Vell pot veure's hui dia al Museu d´Història de València.

Tant de bo companya de l'ànima Fina Marimón que com el teu cognom evoca, el diví Pegàs, rescatat per les teues delicades mans dels tarquims ancestrals de la vella Valentia, porte aèriament el teu benemèrit record per mars i mons fins a la llegendària Etiòpia dels antics mites grecs, on com nova Andrómeda, Perseu allibere eternament el teu beneït alè. *DIS MANIBUS.*

(Levante-EMV, 09-10-2019)

Josep Vicent Lerma

L´arqueòloga Fina Marimón Martín

La arqueología entra en coma

La publicación en el digital luso *publico.pt* del artículo de opinión «Arqueologia também é Cultura» (24-04-2020) en el que se planteaba la falta de evaluación cuantitativa de los efectos de la actual pandemia y de medidas de mitigación de sus efectos en la destrucción de su sector arqueológico profesional, nos ha espoleado a trasladar al ámbito territorial valenciano tales reflexiones del cercano futuro.

Bastará para ponderar prospectivamente el inmediato y oscuro escenario de los próximos años del mercado de la Arqueología de Intervención, con retener el dato estimado de la expectativa de caída del 9,2% del PIB de la economía española en el presente ejercicio, más del doble que en el «*crash*» del 2009. Si hacemos caso de la encuesta del CSIC de 2013, aquella crisis significó la desaparición del 42% de las mercantiles del ramo, diezmando su contingente hasta en dos terceras partes. Lo que venía a ser en todo el estado varios millares de trabajadores que acabaron en el paro.

Paradigma local de cuanto venimos diciendo hasta aquí es el titular «Parón en la arqueología urbana» (Levante-EMV, 12-04-2020), dando cuenta en estas mismas páginas de la suspensión temporal de la excavación en el antiguo Monasterio de la Roqueta o en los restos del circo romano del Palacio de Valeriola. El Real Decreto-Ley 10/2020, de 29 de marzo (Estado de Alarma), de prestación de servicios esenciales, no incluía, «obviamente», la actividad arqueológica.

De este modo, si una sola compañía arqueológica valenciana llegó a facturar hasta un millón de euros al inicio de la crisis de 2008, e incluso dos millones al siguiente, en cambio, el montante de sus ingresos disminuyó drásticamente hasta los 40.000 euros de 2011, hundiéndose definitivamente en 2012 con unas ruinosas ganancias estimadas de apenas 3.000 euros. Al mismo tiempo, la arqueología pública tocaba fondo (Levante-EMV, 20-01-2013) con unas cuentas a cero para la arqueología, por parte del entonces gobierno local de Rita Barberá.

Puede entenderse el silencio mediático de la patronal del sector, Asemarq, ante la presente anormalidad epidémica; puede entenderse el habitual perfil bajo de la Dirección General de Patrimonio de Carmen Amoraga. Pero ante el ocaso que se avecina de la arqueología de gestión urge adelantarse al final del «Gran Confinamiento», como lo ha llamado el FMI. Parafraseando a F. D. Rossevelt: «action now». Tras la Gran Depresión de 1929, la primera aplicación de este presidente del «New Deal» de inspiración keynesiana no tuvo en cuenta al sector cultural, pero ya avanzado su primer mandato, en 1935, lanzó el segundo programa, contando con un importante asesoramiento en la materia, los empleos culturales fueron sistemáticamente integrados en el *New Deal*. En esta ocasión, la cultura y las artes podrían ser una palanca en periodo de crisis, no solamente creando empleos culturales en masa, sino generando un enorme movimiento de educación popular, que sería conocido como la *Federal Project Number One*, abreviado *Federal One*. Escritores, artistas, cineastas, escultores, dramaturgos se beneficiaron de esta política, pero sobre todo repercutió en los americanos. Si recuerdan a John Steinbeck, Arthur Miller, Orson Welles o Hallie Flanagan, comprenderán el alcance de las políticas públicas que dieron nacimiento a la primera generación cultural genuinamente norteamericana y quizá, aunque todo es opinable, la mejor.

En consecuencia, y ante la inminente entrada en coma del sector de la arqueología nos atrevemos a postular, no ya unas manidas políticas evidentes, paliativas de ayudas y subvenciones, sino la creación de un verdadero organismo público u operador de la arqueología preventiva, similar en todo lo posible al benemérito «*Institut National de Recherches Archéologiques*» (INRAP), del vecino galo, cuyos criterios de actuación en protección y cumplimiento de la legislación del patrimonio histórico, vengan orientados por el previsto Consejo Asesor de Arqueología, todavía pendiente desde la aprobación del Reglamento de Arqueología de la Comunidad Valenciana (Decreto 107/2017), del nombramiento de sus miembros.

(*Levante-EMV, 22-05-2020*)

Invitación al expolio

Hace unos pocos meses, después de la publicación tras el gran confinamiento de nuestro último artículo de opinión « La arqueología entra en coma » (Levante-EMV, 22-05-2020), una línea de tipografía azul eléctrico subrayaba en la bandeja de entrada del ordenador la nueva misiva de un entrañable amigo de los asamblearios años setenta universitarios que nos tocó en suerte compartir, en cuyo contenido epistolar venía en el fondo a espolearnos sobre el asunto sustancial de no cejar de terciar en los debates históricos de la ciudad de València.

En este sentido, más allá de la descabellada invención arqueológica de la conducción hidráulica romana más larga de Hispania, de la que se hicieron eco algunos periódicos del país (13-02-2020), de casi 100 kilómetros entre el pétreo acueducto de Peña Cortada y la notísima urbe Valentia, pasando eso sí por los pintorescos *"arquets"* medievales de la acequia de Quart en Manises o la impostada construcción en el siglo VI de nuestra era de una ciudad hispano-bizantina (sic) amurallada con torres cuadradas, que posteriormente sería conquistada por el rey godo Leovigildo, cual si se tratara de un episodio más de « Juego de tronos », llamada para más inri por un doctor de la Politécnica «Valencia la Vella» (Riba-roja de Túria).

Sin olvidar el reciente caso palmario de pseudohistoria titulado « A los cristianos les costó más de un siglo conquistar la Valencia musulmana » (Levante-EMV, 4-10-2020), perpetrado por el histórico secesionista lingüístico Baltasar Bueno.

Lo cierto y verdaderamente trascendente en nuestra opinión ahora, es que desde el punto de vista del patrimonio cultural valenciano, tras el '*crash*' inmobiliario de 2008 y la actual pandemia de la covid-19 del 2020, junto con la desidia administrativa antológica que supone 32 años después, la aún pendiente designación de los ocho vocales de la Junta de Valoración de Bienes (Ley 4/1998. Artículo 8) o en esa misma línea crepuscular de eclipse de la política patrimonial, la falta también de nombramiento de los miembros del inédito, desde hace tres años, Consejo Asesor de Arqueología (Decreto 107/2017. Título III. Artículos 54-58), cuya ausencia como órganos custodios del legado histórico del pueblo valenciano ha constituido una auténtica invitación al expolio y dispersión de decenas de obras de arte, en manos de coleccionistas y propietarios privados, pertenecientes al mismo, fuera de las fronteras del territorio autónomo valenciano, con destino a las casas de subastas de Madrid y Barcelona, ante las acuciantes necesidades provocadas por la crisis económica, dejando vía libre a su salida más o menos opaca de la Comunitat Valenciana. En una siniestra reedición del clásico ensayo del académico Francisco Almela y Vives « Destrucción y dispersión del tesoro artístico valenciano » (1958).

Así a modo de ejemplo merecen recordarse el intento en 2018 de venta en Subastas Segre por 100.000 euros de la magnífica « Virgen de la Esperanza » de Joan de Joanes, pintor renacentista valenciano del que en efecto se puso en almoneda una tabla del retablo de San Eloy (Levante-EMV, 12-06-2019), la subasta pública en Maastricht (Holanda) en 2017 de un magistral caballero de la orden de Montesa, obra señera de Jerónimo Jacinto de Espinosa, la licitación el pasado julio por 5.000 euros en Abalarte del folclórico cuadro anónimo « *Corregudes de Joies en Mont Olivet* » de 1864, la reciente salida al mercado en Setdart de un retablo del maestro de Perea por 250.000 euros (Levante-EMV, 10-10-2020) o la actual vuelta a los portales todo-coleccionistas de internet de nuevas ofertas de compraventa de azulejos góticos de Manises con águilas enmarcadas por cuadrantes de círculo, heráldica de los Aguilar, como los procedentes del Castell d'Alaquàs, a pesar de los beneméritos esfuerzos del Grupo de Patrimonio Histórico de la Policía de la Generalitat, que dos años atrás ya incautó 28 losetas expoliadas de este mismo monumento (Levante-EMV, 20-05-2018).

Por todo ello, y a modo de coda final, toda vez explicitada la casuística de este triste éxodo en curso de bienes integrantes del Patrimonio Cultural Valenciano, no obstante que la Ley 7/2004, artículo 1.2 ya determinaba la voluntad de la Generalitat de promover el retorno a la Comunidad Valenciana de los bienes de valor histórico que hallándose fuera de la misma sean especialmente representativos de la cultura valenciana, poco más que una de las muchas buenas voluntades con las que es bien sabido está empedrado el camino al infierno, nuestras administraciones públicas harían bien, ante los hechos consumados de esta silente diáspora fiscal de obras culturales de todas las valencianas y valencianos, en implementar una reacción alícuota a escala del fenómeno relatado, dotando de operatividad a sus organismos consultores citados más arriba, así como de autoridad suficiente a los escasos inspectores en activo, tras la merecida jubilación del amigo Ximo Espi, responsables últimos del control y tutela de nuestra común herencia cultural.

(Levante-EMV, 16-10-2020)

Josep Vicent Lerma

La Escuela de Técnicos Agrícolas no es el teatro Romano de Sagunt

El amago de paroxismo cultural mediático a la usanza valenciana en plena segunda ola pandémica, que con motivo de la demolición quirúrgica de la panda norte del edificio protegido (BRL) de la Escuela Universitaria de Ingenieros Técnicos Agrícolas y Escuela Técnica Superior de Ingenieros Agrónomos del arquitecto F. Moreno Barberá, ha pretendido capitanear *pro domo sua* la última ex consellera popular de Cultura (2012-2015) María José Català de inefable recuerdo, con el endeble argumento según el cual «el gobierno local ha utilizado un subterfugio legal para autorizar el derribo de las naves al no tener el Ayuntamiento un plan urbanístico que las proteja», revela al fin y a la postre la imposible atribución de autoría de dicha nave anexa al mismo artífice.

En este sentido, más allá de los juicios de valor insinuados de supuesta precipitación o de procedimiento administrativo inusual sostenidas por el decano de alarifes Luis Sendra y el artículo de opinión de general reivindicación de la arquitectura del pasado siglo XX «Dónde está el futuro de la arquitectura valenciana del Movimiento Moderno» de Maite Palomares e Iván Cabrera, con la vitola del Colegio de Arquitectos de València, cabe recordar como la modernidad de este estilo se inició en nuestra histórica ciudad ya en los años 30 al albur de la proclamación de la II República, con la consiguiente conversión doctrinal a los nuevos contenidos sociales requeridos por la misma, de la mano de creadores como Luis Albert, Gutiérrez Soto, Cayetano Borso di Carminati, Javier Goërlich o Rieta y en tal sentido esta corriente estética de vanguardia fue objeto en 1998 de un meritorio reconocimiento público en la muestra «Arquitectura racionalista en Valencia. La ciudad moderna», celebrada en el Instituto Valenciano de Arte Moderno (IVAM), comisariada por Tito Llopis y Juan Lagardera. Evento cultural glosado intelectualmente en estas mismas páginas por Tomás Llorens en el suplemento Posdata «Para una comprensión de la arquitectura racionalista» (Levante-EMV, 16-01-1998).

Sin olvidar la previa exposición de 1986 «Arquitectura en Valencia durante la II República», organizada por la entonces Delegación Municipal de Cultura de Vicent Garcés y el Colegio Oficial de Arquitectos de la Comunidad Valenciana en su Delegación de Valencia, bajo el sello «*50 anys (1936-1986). València, capital de la República*», con ilustrativos textos de Carles Dolç, Just Ramírez, F. Taberner, Manuel Portaceli o José María Herrera.

Dicho lo cual, en lo relativo a la futura y al tiempo paradójicamente hoy olvidada nueva Ley del Patrimonio del Patrimonio Cultural y Museos (Levante-EMV, 4-12-2017), cuya llegada prometida literalmente para 2018 en la Mesa de la Cultura por la Directora General del ramo Carmen Amoraga, una vez finalizada su fase de exposición pública y reclamada por última vez antes de la pandemia de la covid-19 por el *Consell Valencià de Cultura* (CVC) el pasado 24 de febrero de 2020, bien podría tener acomodo en ella una propuesta jurídica de proteccion patrimonial genérica para las obras maestras arquitectónicas del Movimiento Moderno, como las ya existentes en la obsoleta Ley 4/98 y sus ulteriores modificaciones de salvaguarda legislativa en calidad de Bienes de Interés Cultural (BIC) de las construcciones castrales valencianas, las cuevas y abrigos con

Fachada protegida de la Escuela de Técnicos Agrícolas.

manifestaciones de arte rupestre o los escudos heráldicos y cruces de término de la Comunitat Valenciana de más de cien años de antigüedad (Ley 9/2017).

Por todo lo cual y a modo de corolario final, puede colegirse una cierta impostación de este fallido motín de alborotadores periodístico-radiofónicos, de ribetes pretendidamente culturalistas, en torno a la supresión de la crujía paralela a la calle Menéndez Pelayo de las mencionadas Escuelas Universitaria de Técnicos Agrícolas y Técnica Superior de Agrónomos, en tanto en cuanto algunos de los que ahora se postulan como vigilantes custodios del patrimonio contemporáneo, guardaron un sonoro silencio durante la demolición sin piedad apenas en el 2015 del notable edificio funcionalista conocido como « Ayuntamiento Nuevo » de la avenida de Aragón, obra relevante de Vicente González Móstoles y Rafael Rivera, el derribo algunos años antes del imponente inmueble de la Jefatura del Sector Aéreo de Valencia o ante las peticiones del desaparecido abogado popular J. Marco Molines de reversión a cota cero mediante piqueta de la excepcional obra moderna del Teatro Romano de Sagunt rehabilitado por G. Grassi y M. Portaceli.

Levante-EMV, 21-12-2020

Josep Vicent Lerma

¡Oh, el Movimiento Moderno!

La publicación *"ad hoc"* el pasado 26 de diciembre del artículo « *La huella valenciana de Mies van der Rohe* » de la periodista de oficio Noelia Camacho, como parte del aluvión mediático con el que se pretende ahora enturbiar, veinte años tarde, el proyecto de la inaplazable ampliación del Hospital Clínico Universitario, volviendo a utilizar el patrimonio cultural como arma arrojadiza o ariete, al modo de las sonadas campañas allá por el siglo pasado de la atrabiliaria María Consuelo Reyna, como la de las ruinas del Palacio del Real (1986-89), de acuerdo con la tesis sostenida en nuestra anterior entrega « *La Escuela de Técnicos Agrícolas no es el Teatro Romano de Sagunt*" (Levante-EMV, 21-12-20), revela bien a las claras como la sobrevenida reivindicación según algunos de la figura del arquitecto F. Moreno Barberá como gran conocedor en el ámbito vernáculo del discurso y del trabajo arquitectónico de Mies van der Rohe y de Le Corbusier, resulta cuanto menos sesgada e instrumentalmente interesada, en tanto que puestos en la tesitura de analizar y reportar la impronta del primero de ellos en nuestra milenaria urbe, se haya soslayado de un modo imperdonable la racionalmente purista creación de Luis Gay, de finales de los años cincuenta, del restaurante Los Viveros en los Jardines del Real, actualmente rehabilitado por José María Herrera como sede del Museo de Ciencias Naturales.

Porque si como quería Giulio Carlo Argan en « *L´Arte Moderna 1770/1970* », publicado entre nosotros por el recordado editor Fernando Torres, la Arquitectura Moderna se ha desarrollado en todo el mundo según los principios generales de la prioridad de la planificación urbanística sobre el proyecto arquitectónico singular, la máxima economía en el uso del terreno y la concepción de la arquitectura de calidad como condicionante de la educación democrática de la colectividad, en el caso de la Escuela de Técnicos Agrícolas de Moreno Barberá, más allá del prisma vertical perfectamente protegido como Bien de Relevancia Local (BRL), los hangares bajos añadidos, fabricados con repetitivas técnicas constructivas estandarizadas de hormigón encofrado, bien pueden dejar paso a la pastilla hospitalaria proyectada, para el progreso social de los valencianos del siglo XXI.

Sin olvidar asimismo la firme apuesta de Rafael Moneo en la lección magistral de apertura de curso en la Escuela Superior del Politécnico de Valencia por la arquitectura de lo compacto « *algo antiguo que tiene numerosos ejemplos que son respetuosos con el lugar* » (Levante-EMV, 15-10-1998).

Al margen de la nunca vista conversión a la arquitectura de vanguardia del periódico decano de València, cual caída del caballo de San Pablo, cuya aversión de siempre a la modernidad llegó a ser antológica, como en el caso de las viscerales arremetidas en letra impresa, de mediados de los años noventa, contra las cubiertas de plancha de cobre, deudoras del elementarismo, del restaurado Convento del Carmen o el proyecto de galería adintelada contemporánea para el patio Norte del Monasterio de San Miguel y los Reyes, ambos obra de autor de Julián Esteban Chapapría.

En este orden de cosas y en lo que respecta al legado del demiurgo constructor Le Corbusier en el *Cap i Casal*, voluntariamente o por simple desconocimiento también se ha relegado al olvido periodístico el hecho de que según las investigaciones de Federico Carro, Miguel Navarro y Marta Monpó, la única obra de su taller (*Atelier de la rue de Sèvres*) edificada aquí en 1968, era precisamente la de los pabellones de la conocida Feria de Muestras de Valencia, levantados en los terrenos de Paterna – Benimàmet, con cenitales lucernarios sustentados por diafragmas, bajo la dirección del chileno Guillermo Julián de la Fuente. Lonjas brutalistas, coetáneas precisamente del Hospital de Venecia, que para mayor abundamiento fueron derribadas casi totalmente en el año 2002, ante la indiferencia entonces de proteccionistas de última hora y público en general.

Porque por último y si de lo que en verdad se trata, es de proteger las obras de primera fila del Movimiento Moderno en nuestra ciudad y en el resto de las tierras valencianas, como el grupo de viviendas de la cooperativa Santa María Micaela de Santiago Artal (1958-61), bastaría con reiterarse de modo proactivo en la implementación por parte de los colectivos interesados de una propuesta legal de inclusión de este mismo patrimonio arquitectónico, por ministerio de la ley, como Bien de Interés Cultural (BIC) en una venidera, en algún lugar del tiempo post-pandémico, Ley de Patrimonio Cultural y Museos (LPCM) de la

Comunitat Valenciana, partiendo razonablemente, si se quiere, de los valiosos registros y bases de datos de la fundación documentación y conservación de la arquitectura y el urbanismo del movimiento moderno (Docomomo Ibérico).

(*Levante-EMV, 06-01-2021*)

Josep Vicent Lerma

¡Peritos Agrícolas tampoco es la Tabacalera!

Las ordinariamente coloquiales declaraciones radiofónicas del actual decano del Colegio de Arquitectos de la Comunitat Valenciana Luis Sendra del pasado 8 de febrero, tras el tercer pico contagioso de la Covid-19, de la catadura « *se la torquen en un paper de fumar* », relativas al supuesto inextricable modo en que la *Universitat de València* habría sacado las construcciones auxiliares y adyacentes, cuidadosamente desmanteladas de la Escuela de Ingenieros Técnicos Agrícolas (EUITA), de los inmuebles a proteger por sus valores patrimoniales en el Plan Especial de Protección (PEP) del campus de Blasco Ibáñez, además de hablar por sí solas, vendrían también a cerrar un círculo nada virtuoso, emprendido allá por diciembre de 2020, en plena segunda ola pandémica, entonces con las insinuaciones iniciales de este mismo activista alamín de, en su opinión, apresuramiento oficial o de tramitación burocrática fuera de los procedimientos comunes de los actuales derribos, imprescindibles para la ampliación del Hospital Clínico, por lo demás ya con el visado favorable, desde hace nada menos que tres lustros atrás (2006), del propio Colegio de Arquitectos para la en aquel momento proyectada expansión de la Facultad de Psicología.

En este orden de cosas y una vez abandonados en el vía crucis de este esperpéntico amago de falaz algarada mediática local, de la que ya dimos puntual cuenta en los anteriores artículos de cosecha propia « *La Escuela de Técnicos Agrícolas no es el Teatro romano de Sagunt* » (Levante-EMV, 21-12-20) y « *¡Oh, el Movimiento Moderno¡* » (Levante-EMV, 6-01-21), las recogidas de firmas jaraneras, los manifiestos de arquitectos de España y Portugal en defensa de la antigua Escuela de Ingenieros Agrónomos (sic), los argumentarios proteccionistas de encargo a plumillas jornaleros, en general, de la Arquitectura Racionalista del pasado siglo XX y en particular de la obra valenciana de Fernando Moreno Barberá, pretendidamente vicaria, con tal de cargarse de razones de peso, nada menos que de los maestros Mies van der Rohe y Le Corbusier, a pesar de casos reales como el de los vecinos de la "Muralla Roja" de Calp que rechazan su declaración como Bien de Interés Cultural (BIC), a estas alturas el Colegio de Arquitectos autonómico o bien su bohemio presidente, lamenta ahora peregrinamente de un modo extemporáneo que no haya surgido de la nada en València un «*Salvem* *la facultad de Peritos Agrícolas»*, al modo del benemérito movimiento ciudadano «*Salvem Tabacalera*».

Al margen de la prueba del nueve de que en un artículo de la prensa estatal sobre las joyas arquitectónicas del brutalismo que están en peligro en España, del pasado 26 de enero, no se hiciera el más mínimo hueco el caso de la EUITA de Moreno Barberá.

En punto a la última advertencia del patrono de los arquitectos valencianos L. Sendra de que pudiéramos estar frente a un caso prácticamente calcado al de la destrucción de las naves de ladrillo de la Tabacalera y de sus repercusiones judiciales para el erario público, bien merece recordarse, por poner las cosas en su lugar, que en efecto no solo se trata de obras edificatorias de estilos y épocas distintas, sino que el propio gobierno valenciano del *Consell* ha aprobado la Declaración de Interés General del nuevo equipamiento sanitario del Hospital Clínico de Valencia y que por contra la operación "especulativa" de permuta (2005) de propiedades urbanas de la Tabacalera de 1909, al parecer resulta de dominio público hoy que se trató del « *mayor pelotazo de la historia de la ciudad* » (Levante-EMV, 11-0217), anulado por sentencia del Tribunal Superior de Justicia de la Comunitat Valenciana (TSJCV), en la que se contemplaba el expolio cometido.

Por consiguiente la casuística patrimonial de la Escuela de Peritos Agrícolas, debidamente avalada por la comisión de legado histórico del *Consell Valencià de Cultura* (2-02-21), tal como se anuncia más arriba en el título de este artículo, tampoco es ni puede ser la de la industrial Tabacalera, siempre alumbrada por la guía didáctica del inolvidable maestro de arquitectos Juan José Estellés.

(*Levante-EMV, 24-02-2021*)

Josep Vicent Lerma

Un home del Poble Nou de la Mar i 44 més

Vicente Lerma Calabuig va nàixer cap a l'any 1879 del segle XIX a Alboraia, fill de Manuel (Lerma) i d'Esperanza (Calabuig) , en el quart any de regnat d'Alfons XII.

Tot el que escriuré a partir d'aquestes línies és fruit de la carència de vincle directe amb ell, al no haver pogut escoltar de primera mà la història de la seua vida, més enllà d'algun objecte quotidià com ara una tassa de café de fabricació alemanya o un pot ceràmic de melmelada de taronja que va portar de Portobello (Edimburg) , en la seua condició de marí mercant, un duro de plata d'Alfons XIII de 1891, alguns documents personals i una interessant col·lecció de correspondència epistolar, relativa a una concessió que li va ser atorgada junt a 44 més en 1924 a la Platja de Llevant (Las Arenas) i la posterior construcció (1929-30) d'una casa d'obra, sota la direcció de l´arquitecte Víctor Gosálvez.

Segons pareix des de molt jove va haver de mostrar-se emprenedor en matèria laboral, havent de complir amb el servei militar obligatori de tres anys de l'època a Cuba, abans de la seua perduda en 1998, com assístent d´un comandament castrense i prestant servei a l´Armada.

Gràcies a una postal seua remesa al desembre de 1908 des del port vasc de Pasajes, sabem que als 29 anys era marí mercant i ja havia de ser casat amb Vicenta Camacho Solsona, resident en el carrer del Progrés del « *Pueblonuevo del Mar* », en realitat annexat a València des de 1897. Sobre la base de l'estil decoratiu d'un projecte tècnic dibuixat a escala 1:50 de les fatxades de fusta de barraquetas de banys de mar i « *merenderos* », conservat fins hui, datable entorn als primers anys del passat segle XX, podem creure versemblantment que un jove Vicente Lerma va haver de compaginar des d'aquelles dates i amb poc més de vint anys, la seua més o menys freqüent activitat marítima com a cuiner a bord de vaixells de vapor amb les temporades estivals en establiments desmuntables de « *baños de ola* » com ara "La Estrella", "La Campana", "El Globo" o "La Palma".

Deu anys després en 1918, als 40 anys d'edat havia de continuar residint en el número 76 del carrer del Progrés del Cabanyal i en aquelles dates es va afiliar a la societat especial obrera «La Aurora del Marino», sindicat lliure de fogoners i mariners (Barcelona), de la « Asociación de Navieros del Mediterráneo ».

Anys de la I Guerra Mundial en què l'amenaça real dels submarins alemanys va estar molt present també en aigües espanyoles. Gràcies a la seua llibreta de marí mercant de la Companyia Trasmediterránea tenim notícia que un any després, es va embarcar al novembre de 1919 en el vapor "Sagunto", desembarcant per la seua voluntat tres mesos després en el port de Barcelona.

Acabada la I Guerra Mundial, en el mateix any de la imposició de la Dictadura de Primo de Rivera (1923), amb el suport del rei Alfons XIII i ja pròxim als 45 anys, el nostre homenot conegut en el Cabanyal pel malnom de *"El Roig"*, pel seu color de pèl, va acabar de consolidar a la *"Sociedad de Barraqueros y dueños de Merenderos de la Playa de Levante del Grao de Valencia"*, originàriament de fusta i lona desmuntables, de la que va ser el seu President. Societat que ja disposava d'un Reglament almenys des de 1914 i tenia la seua seu en el carrer Escalante núm. 89, casa de D. Juan Crisóstomo.

Casat abans de 1920 en segones nupcies amb Visitación Camacho Palomares, amb la seua infatigable tenacitat i afanys continuats, Vicente Lerma Calabuig es va proposar higienitzar i modernitzar el sector de la fatxada marítima de València comprés entre el Balneari de Les Arenes i la séquia del Rihuet, on només en les temporades d'estiu es muntaven per sorteig les populars « Barraquetas de Baños », de cinc metres i mig d'amplària i els « merenderos », aquests en canvi de sis metres. Per a això va comptar amb l'ajuda inestimable del seu amic Leopoldo Aguirre Verdeguer, vicecònsol al Grau dels Països Baixos i va saber guanyar-se el favor de Balbino Gil Dolz de Castellar, Capità General de Valladolid, per a aconseguir la concessió administrativa dels terrenys erms de la platja del Canyamelar, a fi de poder construir balnearis permanents de formigó armat, a manera de nou barri obrer.

Així, doncs, el 6 d'octubre de 1924 el subsecretari del Ministeri de Foment promulgava una Reial Orde per la qual s'autoritzava a Francisco Balaguer, fundador de "La Pepica" i 44 més a edificar 36 casetes de banys i berenadors, segons el cridaner projecte d'estil noucentista mediterrani, delineat sobre ferroprusiato en 1922 pels reconeguts arquitectes Víctor Gosálvez, autor dels funcionalistes Docks Comercials del port de València, i Ángel Romaní.

D'eixe mateix 1924 es conserven a més a més cinc cartes mecano-grafiades, prèvies a la Reial Orde, enviades des de Madrid per un cert Antonio Hierro, probable funcionari ministerial, donant compte de l'estat de l'expedient d'ocupació dels terrenys de platja situats junt amb el balneari de Les Arenes i autorització per a edificar allí casetes de bany i berenadors permanents d'obra.

Paral·lelament en 1925 també tenim documentat Vicente Lerma Calabuig com a estibador portuari i soci número 1226 de « La Marítima Terrestre », societat obrera del port de València, a la que va haver de pertànyer ja en 1914, si es jutja per l'exemplar que hem conservat del « Contrato Colecti-vo de Trebajo. Tarifas de carga y descarga. Acuerdos del Jurado Mixto», editat en la Impremta "Hijos de F. Vives Mora". A l'octubre de 1926 es reben correus del Director Gerent de la societat coo-perativa « Banco Español de Crédito Hipotecario », F. Casimiro, donant compte del seu nou domicili social del carrer Hermosilla 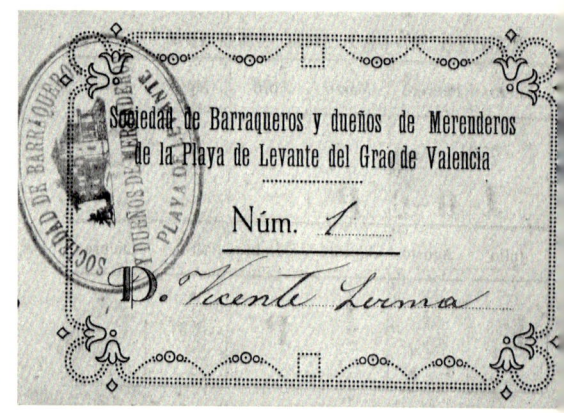 núm. 89 de Madrid, d'on es deduïx l'intent inicial de la «Sociedad de Barraqueros y dueños de Merenderos » de portar avant l'esmentat projecte arquitectònic de Víctor Gosálvez i Ángel Romaní de 1922 d'un mode col·lectiu i amb finançament del dit banc hipotecari.

En aquest mateix sentit, pot adduir-se l'autorització signada el 22 d'abril de 1927 per l'enginyer Roman Ochando de la « Dirección de Obras públicas de Valencia » de l'acta de replantejament de les casetes de banys i berenadors autoritzats, resultant el pas de 15,28 metres d'amplària contigu a la fatxada nord de l'edifici dels Doks Comercials (sic).

D'acord amb el contracte de 2 de novembre de 1929 per a la construcció de la casa de baños "La Estrella" en el solar de la concessió de Vicente Lerma Calabuig, establit amb el contractista de l'obra D. Fidel Montañana, el valor de la mateixa s'elevava a 24.030 pessetes, efectuant-se d'acord al mateix l'últim pagament el 6 de juny de 1930.

En la seua planta baixa es trobarien les diferents cabines individuals dotades amb lavabos, sòls de fusta, perxes, espills, etc, i el bany del retret xapat d'higienistes taulellets esmaltats.

En els primers mesos de 1930 i gràcies a la seua cèdula personal podem determinar que als 51 anys habitava en el xalet núm. 32 del carrer d'Eugenia Viñes, on continuava rebent correspondència del seu amic el fill del conegut com "Almirante del Grao" i primer exportador internacional de taronjes D. José Aguire Matiol, Leopoldo Aguirre Verdeguer.

Finalment la sublevació dels militars africanistes de l'Exèrcit el 18 juliol de 1936, va donar pas a tres anys guerra civil, en el curs de la qual com és sabut, el Govern legítim es va veure obligat a traslladar la capital de la República a València, convertint a la seua zona portuària en objectiu de nombrosos bombardejos, especialment durant els anys 1937 i 38, realitzats des de Mallorca per l'aviació legionària italiana. Motiu pel qual es va haver d'evacuar totalment a la població civil dels Poblats Marítims, amb l'excepció dels treballadors portuaris, entre ells Vicente Lerma Calabuig i en un dels quals va resultar assolada per una bomba la dita casa de banys "La Estrella".

Heroics estibadors del port de València, com « El Roig », que van haver de patir constants atacs aeris franquistes, mantenint la línia de vida logística de la II República per a sostindre l'esforç de guerra, sense deixar d'abastir a la població civil i als que hui està dedicat per a la seua memòria el monument a la Pau de José Esteve Edo, inaugurat l'any 1987 en la plaça de l'Armada Espanyola, ara de la Setmana Santa Marinera.

(*Levante-EMV, 05-07-2021*)

Josep Vicent Lerma

Milenarios, tutelas arqueológicas
y animadversiones

Al igual que en 1975 el gran valencianista Francisco de P. Burguera afirmaba entonces públicamente en el decano de la prensa local que las manifestaciones de opinión han de partir de un estado de ánimo de serenidad y sosiego intelectual, ahora en los albores de la tercera década del siglo XXI, apoyo por mi parte desde estas mismas páginas que a mi saber y entender deberíamos sostener otro tanto respecto a las actuales actuaciones de urbanismo táctico en curso en las plazas de la Reina, Mercado y Brujas que están cambiando el paradigma de la movilidad de *Ciutat Vella* y sus derivadas patrimoniales, por encima y por debajo de cota cero.

Porque más allá de los presentes silencios al respecto de la responsable de la sección de arqueología del CDL Yolanda Alamar y de suposiciones o juicios de valor maximalistas, rayanos en el exabrupto, vertidos por el arqueólogo municipal jubilado, a modo de ilustrado reportaje dominical (Levante-EMV, 21-11-21), si se acepta en puridad el axioma formulado por el mismo en las Jornadas de Arqueología en Suelo Urbano de Huesca (2003) «En la actualidad del siglo XXI, vistas las recientes experiencias y. sobre todo, las iniciativas legislativas que las propician, amparan y dan patente de corso, lo de que la arqueología urbana tenga algo que ver con investigar, e incluso con la valoración y protección del patrimonio, no se lo cree prácticamente nadie» (sic), a cuento de qué viene ahora, casi dos décadas después, rasgarse virginalmente las vestiduras sobre profecías infaustas autocumplidas de falta de estudio de la legendaria *Porta Sucronensis* de la urbe romana de Valentia o de vetustos muros de sillería que tan pronto han sido interpretados por los arqueólogos a pie de obra y a través de sus redes sociales como pertenecientes tanto a un edificio público tardorromano, incluso una ignota iglesia visigoda o como a una muralla tardoantigua autoanunciada (Levante-EMV, 14-08-21).

Todo ello aparentemente fruto de una enemistad personal acrisolada por puyas dialécticas del tenor de «Este gobierno municipal piensa que Valencia se fundó en la Segunda República» (9-01-19).

Precisamente en este año 2021 en el que afortunadamente ha arrancado por fin, con fondos del Plan Confianza, reasignados de la fracasada pesadilla popular de la bárbara prolongación de la avenida de Blasco Ibañez, la rehabilitación del tramo de la muralla islámica de la plaza del Ángel, construida el 1021 por el príncipe Abd al-Aziz ibn Ámir, nieto de Almanzor, auténtica asignatura pendiente de la arqueología de nuestra ciudad, soslayada durante décadas y la corporación ha conmemorado recientemente el Milenario de la Taifa de València con un ciclo de tres eruditas conferencias, merecedor de un mayor *feed back* colectivo de este poco conocido evento histórico entre la mayoría de los ciudadanos valencianos.

Sin olvidar que durante el trancurso del mismo el *Cap i Casal* parecía haberse reencontrado felizmente con su pasado, menudeado en sus primeros meses titulares periodísticos laudatorios como «La antigua València aflora entre obras», «Tesoros bajo el asfalto de València» o «La ciudad recupera su pasado en obras y reformas urbanas», que llevaron a algunos profesionales de las excavaciones al punto de propalar la noción crítica de una cierta gestión de la arqueología urbana «idealizada».

Finalmente a modo de coda o moraleja del cuento merece la pena

Trabajos de urbanización de la nueva plaza de la Reina.

recordar aquí, por su singular valor deontológico y modelo a seguir, el ejemplo del hecho protagonizado por el arqueólogo Nicolau Primitiu, en la lejana fecha de 1950, con ocasión del descubrimiento en la calle *Rellotge Vell* del famoso mosaico romano de la Medusa y que un desconocido periodista de Levante el 18 de enero de aquel año recogía puntualmente «A partir de aquel momento dieron comienzo las conjeturas, y para evitar errores, empezamos a visitar a los señores arqueólogos e historiadores de más autoridad en Valencia...nos fuimos a visitar a don Nicolás Primitivo Gómez, quien conoce muy bien el subsuelo de Valencia. Pero con gran asombro nuestro, se negó a decirnos nada sobre el particular». Y ello fue así en definitiva porque este pionero de la arqueología no deseaba en modo alguno polemizar ni atribuirse la identificación del medallón musivario como la mítica medusa Gorgona y no la imagen de Artemisa y sí en cambio respetar el trabajo de personas como el primer arqueólogo municipal José Llorca Rodríguez (Levante-EMV, 27-02-06), tal como dejó anotado taxativamente en sus dietarios «*Apenes arrib en casa ha vingut un redactor de Levant a que li diga quelcom sobre'l mosaic empero jo em negue diguent-li que es cosa de l'Ajuntament que té els seus facultatius*».

(*Levante-EMV, 24-12-2021*)

Josep Vicent Lerma

Arqueología de los espacios del poder

TRIBUNA

Josep Vicent Lerma
Arqueólogo

Entre los profesionales de la gestión ambiental suelen utilizarse denominaciones como Arqueología de las Autopistas, de los Gaseoductos, de los Aerogeneradores o de los modernos Huertos Solares fotovoltaicos, descriptivas de diferentes momentos caracterizados por la proliferación de los trabajos arqueológicos preventivos necesarios para la implantación sobre el territorio valenciano de dichas grandes infraestructuras y de los que es un paradigma la cuidada publicación «Paisaje y arqueología de la Sierra de la Menarella» (2007).

En este sentido se nos anuncia ahora desde la Generalitat, además de la compra de los monumentales Corrones de Valencia y Castellón, la apertura a la ciudadanía en otoño de este mismo año 2023, dentro de la iniciativa Palau Transparente, del conjunto patrimonial del siglo XIV formado por el Palau del l'Almirall, los baños mudéjares barrolminos y las ruinas romanas subterráneas (collegium/termae) conservadas in situ desde 1968 (Levante-EMV, 20-03-2022) y a las que en estas mismas páginas dedicaba hacia 1999 el título «Qué fue de la cripta arqueológica del palacio del Almirante». Artículo testimonial de opinión en el que lamentaba, ya hace la friolera de más de veinte años atrás, el estado de abandono de esar «contenedor arqueológico llamado el perenne olvido por parte de los valencianos de a pie, que despues visto desde 1990 de cualquier propuesta museográfica de aprovechamiento didáctico o de acondicionamiento físico y climático de los vestigios allí encapsulados in vitro, que hicieron viable la puesta en valor tan significado retazo del en-

tramado viario de la Colonia Valentia, ha resultado de practicamente imposible recorrido por parte de los ciudadanos interesados en visitarlo.

Pasión palaciega localizada aparentemente en la Conselleria de Hacienda y Modelo Económico, dirigida por Vicent Soler, que en diciembre de 2020 amplió su mecenazgo inmobiliario con la adquisición por la módica cantidad de cinco millones de euros del vecino Palacio de los Marqueses del Tremolar (1862), obra del arquitecto Jorge Gisbert, levantado sobre el antiguo circo romano. Edificio decimonónico que viene a sumarse a otras fincas escenográficas del poder valentino previamente rehabilitadas como, entre otros, el Palacio de Santa Bárbara, el Palau de los Català de Valeriola, el de Foscaldó o el de Pineda.

Además del proyecto de recuperación histórica y arquitectónica de esta última conselleria iniciado a finales del año 2016 en el Palacio de Calatayud de la casita calle Micalet número 5, conformando así una arqueología áulica de «nuevos ricos», dotada este lustro con casi 90.000 euros, a cargo de arqueólogos liberales, ajena a los riesgos a los que están sometidos los promotores edilicios particulares de tener que parar obras por algún inesperado hallazgo anticuario de los habituales en Ciutat Vella, mientras que en cambio sí este se produce en el marco de esta privativa arqueología palatina, parece aplicarse el viejo axioma de los tres nonons rubios.

Disonancia cognitiva que transcurridos cinco largos años después del Decreto 107/2017 por el que se aprobó el Reglamento de regulación de las actuaciones arqueológicas en la Comunitat

Valenciana, en cuyo Título III se restablecía la creación del Consejo Asesor de Arqueología y Paleontología, se implementa desde la Dirección General de Cultura y Patrimonio de la resiliente Carmen Amoraga, en una indolente galbana administrativa hasta hoy, para efectuar ni uno solo de los nombramientos de sus preceptivos 24 vocales, sin un solo reproche al respecto de la Sección de Arqueología del CDL de Yolanda Alemar en su diatriba antiolana «La Batalla de trabajar en la Arqueología» (Suplemento Especial Patrimonio, Levante-EMV, 26-02-2022).

Razones todas ellas por las cuales esta ufana nueva rama escindida, en apariencia autónoma, de la Arqueología Urbana y a la espera de sus venideros réditos intelectuales, creemos que en puridad debería ser académicamente merecedora del epíteto específico de «Arqueología de los Palacios», predecible igualmente de los palacetes de otras administraciones públicas (Palacio de los Marqueses de Montortal), instituciones universitarias (Palau de Cerverò) o de las emergentes funciones de todo tipo nos burguesas, entre cuyos ejemplos más señeros descollan el barroco Palau de Valeriola de la calle del Mar, futuro Centro de Arte Hortensia Herrero y el gótico Palau Joan de Valeriola de la Fundación Chirivella Soriano.

Sin olvidar, por último, entre las sedes emblemáticas de la administración central del Estado, la onerosa y larguísima rehabilitación, plagada de incidencias burocráticas, durante más de una década del neoclásico Palacio del Temple (Levante-EMV, 7-06-2019), en la que desaparecía el antiguo salón de plenos de la Diputación del siglo XIX (Levante-EMV, 15-03-2017), de acuerdo con la denuncia de la diputada Ana Botella y la tala de la muralla islámica con barbacana y dos torres cuadradas, descubierta en las excavaciones arqueológicas allí realizadas, al parecer continúa aún en barbecho, pendiente de musealizar e inaccesible al común de los valencianos.

Arqueología de los espacios de poder

Entre los profesionales de la gestión ambiental suelen utilizarse denominaciones como Arqueología de las Autopistas, de los Gaseoductos, de los Aerogeneradores o de los modernos Huertos Solares fotovoltaicos, descriptivas de diferentes momentos caracterizados por la proliferación de los trabajos arqueológicos preventivos necesarios para la implantación sobre el territorio valenciano de dichas grandes infraestructuras y de los que es un paradigma la cuidada publicación «Paisaje y arqueología de la Sierra de la Menarella» (2007).

En este sentido se nos anuncia ahora desde la Generalitat, amén de la compra de los monumentales Correos de Valencia y Castellón, la apertura a la ciudadanía en otoño de este mismo año 22, dentro de la iniciativa *Palaus Transparents*, del conjunto patrimonial del siglo XIV formado por el *Palau de l´Almirall*, los baños mudéjares homónimos y las ruinas romanas subterráneas (*collegium/termae*) conservadas in situ desde 1988 (Levante-EMV, 20-03-2022) y a las que en estas mismas páginas dedique hacia 1999 el título «Qué fue de la cripta arqueológica del palacio del Almirante». Artículo testimonial de opinión en el que lamentaba, ya hace la friolera de más de veinte años atrás, el estado de abandono de este «contenedor arqueológico llamado al perenne olvido por parte de los valencianos de a pie, que desprovisto desde 1990 de cualquier propuesta museográfica de aprovechamiento didáctico o de acondicionamiento físico y climático de los vestigios allí encapsulados in vitro, que hiciesen viable la puesta en valor de tan significado retazo del entramado viario de la *Colonia Valentia*, ha resultado de prácticamente imposible recorrido por parte de los ciudadanos interesados en visitarlo».

Pasión palaciega focalizada aparentemente en la Conselleria de Hacienda y Modelo Económico, dirigida por Vicent Soler, que en diciembre de 2020 amplió su mecenazgo inmobiliario con la adquisición por la módica cantidad de cinco millones de euros del vecino Palacio de los Marqueses del Tremolar (1862), obra del arquitecto Jorge Gisbert, levantado sobre el antiguo circo romano. Edificio decimonónico que viene a sumarse a otras ilustres escenografías del poder valentino previamente rehabilitadas como, entre otros, el Palacio de Santa Bárbara, el Palau de los Catalá de Valeriola, el de Forcalló o el de Pineda.

Además del proyecto de recuperación histórica y arquitectónica de esta misma conselleria iniciado a finales del año 2016 en el Palacio de Calatayud de la castiza calle Micalet número 5, conformando así una arqueología áulica de «nuevo rico», dotada este lustro con casi 90.000 euros, a cargo de arqueólogos liberales, ajena a los riesgos a los que están sometidos los promotores edilicios particulares de tener que parar obras por algún inesperado hallazgo anticuario de los habituales en *Ciutat Vella*, mientras que en cambio si éste se produce en el marco de esta privativa arqueología palatina, parece aplicarse el viejo axioma de los tres monos sabios.

Disonancia cognitiva que trans-curridos cinco largos años después del Decreto 107/2017 por el que se aprobó el Reglamento de regulación de las actuaciones arqueológicas en la Comunitat Valenciana, en cuyo Título III se restablecía la creación del Consejo Asesor de Arqueología y Paleontología, se implementa desde la Dirección General de Cultura y Patrimonio de la resiliente Carmen Amoraga, en una indolente galbana administrativa hasta hoy, para efectuar ni uno solo de los nombramientos de sus preceptivos 24 vocales, sin un solo reproche al respecto de la Sección de Arqueología del CDL de Yolanda Alamar en su diatriba anónima «La Batalla de trabajar en la Arqueología» (Suplemento Especial Patrimonio. Levante-EMV, 26-02-2022).

Razones todas ellas por las cuales esta ufana nueva rama escindida, en apariencia autónoma, de la Arqueología Urbana y a la espera de sus venideros réditos intelectuales, creemos que en puridad debería ser académicamente merecedora del epíteto específico de «Arqueología de los Palacios», predicable igualmente de los palacetes de otras administraciones públicas (*Palacio de los Marqueses de Montortal*), instituciones universitarias (*Palau de Cerveró*) o de las emergentes fundaciones de todo tipo neo-burguesas, entre cuyos ejemplos más señeros descollan el barroco *Palau de Valeriola* de la calle del Mar, futuro Centro de Arte Hortensia Herrero y el gótico *Palau Joan de Valeriola* de la fundación Chirivella Soriano.

Sin olvidar, por último, entre las sedes emblemáticas de la administración central del Estado, la onerosa y larguísima rehabilitación, plagada de incidencias burocráticas, durante más de una década del neoclásico Palacio del Temple (Levante-EMV, 7-06-2019), en la que desapareció el antiguo salón de plenos de la Diputación del siglo XIX (Levante-EMV, 15-03-2017), de acuerdo con la denuncia de la diputada Ana Botella y la sala de la muralla islámica con barbacana y dos torres cuadradas, descubiertas por las excavaciones arqueológicas allí realizadas, al parecer continúa aún en barbecho, pendiente de musealizar e innaccesible al común de los valencianos.

(*Levante-EMV. 12-04-2022*)

Josep Vicent Lerma

Los guardianes de las piedras

En 1958 Martín Domínguez Barberá afirmaba «Cuando enmudecen los hombres... ¡hablan las piedras¡», de ribetes bíblicos (Lucas 19:40) o sostiene hoy en pleno siglo XXI uno de los dos cronistas de València «Las piedras, por más que estén deterioradas, hablan...», mientras que por su parte A. Ribera polemizaba allá por la primera mitad de los años 90 con su artículo guerrillero «Los Jefecillos de los Pedruscos», con esta vulgar metáfora pétrea del patrimonio arqueológico y Néstor Ramírez terciaba en su columna «Juegos de Ordenador» con el certeramente crítico «Piedras antiguas» (Levante-EMV, 15-11-1994).

Piedras alegóricas cual incunables o lienzos que para el florido pensil Ramón Palomar no eran ni más ni menos «sino nuestro santo y seña, nuestra personalidad, nuestras raíces, los jirones del esplendor perdido y el espejo donde mirarse para recuperar cierta autoestima» (sic) (LP 28-10-2022). Eso y, ahora igual que en tiempos de María Consuelo Reyna, bolaños o proyectiles de roca vetusta, siempre de gran utilidad como munición periodística, repetida a lo largo de los años, para «*fer harca*» o disparar con honda contra las cabezas progresistas del Ayuntamiento de València, por el sambenito impuesto de parte del presunto desinterés del mismo por sus antigüedades.

Buen ejemplo de ello, ha sido el enésimo episodio de paroxismo patrimonial provinciano, atrabiliariamente aireado en los papeles como el caso del «Cementerio del Patrimonio de Valencia» (sic), relativo al viejo almacén industrial de la extinta Brigada de Monumentos de E. Rieta en el *Escorxador* de Borbotó, al socaire de las galerías fotográficas de uno de los círculos del tropel de grupos defensa del patrimonio y el «Mal de la Piedra» del *Cap i Casal* teorizado desde las troneras de las columnas de opinión habituales (LP 27-10-2022).

Caterva de infundados guardianes de las piedras solariegas que cuando la administración competente en materia de patrimonio cultural, la Conselleria de Educación, Cultura y Deporte, emitió finalmente un informe donde se reseñaba textualmente que «los materiales almacenados en el mencionado inmueble son en su mayoría de época contemporánea, producto de sustituciones o eliminaciones de la vía pública por per-

116

dida de funcionalidad o renovación de los espacios públicos», quedaron, como bien dice el título de la película de Carles Mira, con el culo al aire.

(Levante-EMV, 28-12-2022)

Josep Vicent Lerma

4 | MIÉRCOLES, 28 DE DICIEMBRE DE 2022

Opinión

Los guardianes de las piedras

TRIBUNA

Josep Vicent Lerma
Arqueólogo

En 1958 **Martín Domínguez Barberá** afirmaba «Cuando enmudecen los hombres... ¡hablan las piedras¡», de ribetes bíblicos (Lucas 19:40) o sostiene hoy en pleno siglo XXI uno de los dos cronistas de València «Las piedras, por más que estén deterioradas, hablan...», mientras que por su parte **A. Ribera** polemizaba allá por la primera mitad de los años 90 con su artículo guerrillero «Los Jefecillos de los Pedruscos», con esta vulgar metáfora pétrea del patrimonio arqueológico y **Néstor Ramírez** terciaba en su columna «Juegos de Ordenador» con el certeramente crítico «Piedras antiguas» (**Levante-EMV**, 15-11-1994).

Piedras alegóricas cual incunables o lienzos que para el florido pensil **Ramón Palomar** no eran ni más ni menos «sino nuestro santo y seña, nuestra personalidad, nuestras raíces, los jirones del esplendor perdido y el espejo donde mirarse para recuperar cierta autoestima» (sic) (LP 28-10-2022). Eso y, ahora igual que en tiempos de **María Consuelo Reyna**, bolaños o proyectiles de roca vetusta, siempre de gran utilidad como munición periodística, repetida a lo largo de los años, para *«fer har-*

ca» o disparar con honda contra las cabezas progresistas del Ayuntamiento de València, por el sambenito impuesto de parte del presunto desinterés del mismo por sus antigüedades.

Buen ejemplo de ello, ha sido el enésimo episodio de paroxismo patrimonial provinciano, atrabiliariamente ai-

---

Los proyectiles de roca vetusta siempre son de gran utilidad para «fer harca» o disparar con honda contra las cabezas progresistas del Ayuntamiento

---

reado en los papeles como el caso del «Cementerio del Patrimonio de Valencia» (sic), relativo al viejo almacén industrial de la extinta Brigada de Monumentos de E. Rieta en el «Escorxador» de Borbotó, al socaire de las galerías fotográficas de uno de los círculos del tropel de grupos defensa del patrimo-

nio y el «Mal de la Piedra» del Cap i Casal teorizado desde las troneras de las columnas de opinión habituales (LP 27-10-2022).

Caterva de infundados guardianes de las piedras solariegas que cuando la administración competente en materia de patrimonio cultural, la Conselleria de Educación, Cultura y Deporte, emitió finalmente un informe donde se reseñaba textualmente que «los materiales almacenados en el mencionado inmueble son en su mayoría de época contemporánea, producto de sustituciones o eliminaciones de la vía pública por pérdida de funcionalidad o renovación de los espacios públicos», quedaron, como bien dice el título de la película de **Carles Mira**, con el culo al aire.

Por último, a modo de coda, para más inri y descrédito de tales torquemadas de salón, los arqueólogos municipales vienen de poner en pie una cuidada exposición, a modo de librería anticuaria, ya ensayada por *Vázquez Consuegra* en los jardines del desaparecido Hospital General, que responde al aforismo vernáculo de «Tota Pedra fa Paret», en la que todo hijo de vecino podrá contemplar en la Almoina provectas reliquias lapídeas, labradas para la eternidad, por anónimos maestros *pedrapiquers*, sobre mármoles de Carrara o Macael, *Pietra serena, Pedra de Girona*, calizas locales de las canteras de Moncada, Rocafort-Godella o l'Énova y alabastros de Niñerola (Picassent), que acompañaron arquitectónicamente en casas, palacios y templos el nacimiento de los valencianos como pueblo, en el transcurso de los años posteriores a la conquista del monarca fundador **Jaime I** (1238), entre los siglos XIII y XVI.

El botón francés

La « Guerra de los Botones » aparte de ser el título de una inolvidable pelicula de Yves Robert (1962), bien podría haber sido la denominación popular de lo que en la historiografía catalana se conoce desde finales del XIX como «Guerra del Francés», a tenor de aquello que titulaba un reputado periódico de tirada estatal el pasado 25 de enero de este año «Tres siglos de batallas reconstruidos con los botones perdidos por los soldados» en Gallegos de Argañán (Salamanca).

Buen ejemplo de ello, ha sido asimismo el emotivo descubrimiento arqueológico del equipo del investigador de conflictos Frédéric Lemaire en el cementerio del Valle de la Muerte de la isla de Cabrera (Baleares) de dos botones reglamentarios de los regimientos de línia vencidos en Bailén 67 y 14 (Diario de Mallorca, 5-12-2022).

En cuanto al territorio del antiguo Reino de Valencia, se tienen noticias de un botón militar de cobre con el número 5 en relieve, propio de la guerrera de un soldado imperial de infantería del Quinto Regimiento que intervino en la Guerra de la Independencia española (1808-1814), recuperado en los trabajos de restauración del Baluarte de la Mina del Castillo de Santa Bárbara en la ciudad de Alicante, así como de otro con el número 32 hallado por el recordado arqueólogo Jose María Soler en 1975 en la Atalaya de Villena.

Hallazgos en línea con los relatos sobre antiguos objetos desechados como los descritos en estas mismas páginas en los anteriores artículos «Relato apócrifo de una mayólica» (Levante-EMV, 23-07-2019) y «El celadón Song de València» (Levante-EMV, 13-10-2022) y la actual «Arqueología del conflicto» de la II Bienal de Arqueología de la Universidad de Jaén, a los que ahora vendría a sumarse la botonadura identificada entre los numerosos restos arqueológicos exhumados en la década de los años 90 del siglo pasado en el complejo conventual del Carmen de València, con motivo de su rehabilitación arquitectónica proyectada por Julián Esteban Chapapría.

Se trata de un accesorio militar fundido en plata en forma de disco plano de 22 mm. de diámetro, con el número 4 en el centro de una clásica orla de palmetas, sin apenas resalte, muy desgastada por el uso y anilla de fijación en el reverso tipo jaula, perteneciente sin duda a la casaca de un oficial galo, tal vez del 4ème Régiment d'Infanterie de Ligne, cuya inaudita presencia entre los muros del monasterio de los carmelitas calzados valencianos, a modo de hipótesis, sujeta al veredicto definitivo de expertos historiadores como José Luis Arcón, podríamos aventurarnos a imaginar tanto como el desenlace trágico de un ignoto sepelio, improvisado en las criptas funerarias del Carmen, de un soldado desconocido, caído junto al general de ingenieros Cazals, en el frustrado asalto de 1808 contra el arrabal extramuros de Quart de Moncey como la pérdida fortuita de una insignia de plata del uniforme de un anónimo oficial francés, posiblemente acuartelado durante meses en este antiguo cenobio de la barriada de Roteros, después de la rendición de València al mariscal Suchet en 1812 o bien dicho botón pudo terminar arrancado prosaicamente, en caso de apuro, como perentoria moneda de pago en alguna cantina valenciana.

(*Levante-EMV, 26-02-23*)

Josep Vicent Lerma

Botón de plata de un oficial napoleónico. Convento del Carmen

El día de mañana de la Historia

El cáustico pensamiento del ex ministro felón de cultura César Antonio Molina en mayo de 2016 «¿Qué importa algo tan viejo, desconocido e inútil como la Arqueología?», ahora que ha descubierto, siguiendo la estela de Joaquín Leguina, que en su mudable opinión gallega en los 500 años de la empresa «común» de España «no hay ni colonialistas ni colonizados» (sic) – que alguien se lo explique a los aborígenes canarios *amazighes* protagonistas de la exposición temporal en el Museo Arqueológico Nacional «Historias de una Isla. Arqueología de Gran Canaria»- me ha interpelado como una puya torera sobre otras miradas y reflexiones alrededor de la Historia de España, como las divulgadas recientemente por el etnoarqueólogo Alfredo González-Ruibal en su artículo periodístico «La Historia que viene con la ultraderecha» (Público, 18-06-2023).

En ellas este conocido arqueólogo de conflictos, autor del reciente ensayo « Tierra arrasada. Un viaje por la violencia del Paleolítico al siglo XXI », nos previene de considerar la Historia como un mero entretenimiento social inútil, dado que en verdad sí importa políticamente hablando y aparece ya en el segundo de los 50 puntos del acuerdo PP-Vox en la *Comunitat Valenciana*: «Reivindicaremos la Historia de España» (sic). Como si esta asignatura hubiera desaparecido alguna vez de nuestros institutos de bachillerato. Y nos adelanta a ojos vista el tipo de relato pseudohistórico que nos espera a la vuelta de la esquina en los próximos cuatro años a los valencianos pacificados, en los que a tenor de dicho pacto torero «se derogarán las normas que atacan la reconciliación en los asuntos históricos» (sic), más claro, agua.

En este orden de cosas, el tuit triunfal de la nueva alcaldesa María José Catalá «Vuelve la Valencia de verdad» (12:28 a.m. 29 may. 2023) parece ser toda una declaración de intenciones en la materia respecto a sus anhelos programáticos de identificación únicamente con un determinado pasado del *Cap i Casal*. Lo que encaja como anillo al dedo con la empecinada iniciativa del presidente *in pectore* de la Generalitat Valenciana Carlos Mazón de desempolvar del baúl de los recuerdos la derogada Ley 6/2015 de Reconocimiento, Protección y Promoción de las Señas de Identidad del Pueblo Valenciano, publicitada entonces a bombo y platillo sobre las entorchadas columnas de la Lonja de València, bajo el lema «*Som herència del nostre futur. La identitat ens fa poble*».

Un pasado folclórico propio en forma de foto fija ahistórica del pueblo valenciano que el populismo secesionista vernáculo viene pretendiendo vincular cíclicamente desde los años de la Transición (1975-82) con falsos mitos fundacionales como un habla valenciana independiente, cocinada sin solución de continuidad desde la misteriosa lengua ibérica prerromana, unas ancestrales raices cristianas mozárabes desde la noche de los tiempos en el monasterio de la Roqueta, según Leopoldo Peñarroja (2007), incluida la infructuosa búsqueda arqueológica de la tumba de San Vicente Mártir por un cura zahorí (Levante-EMV, 4-12-2002), la efímera conquista de Valencia en el año 1094 por el polémico héroe castellano Rodrigo Díaz de Vivar o la contribución del Escribano de Ración de los RR.CC. Luis Santángel al Descubrimiento de América en 1492, cuyos ilustres huesos también fueron objeto en 1993 de los fallidos intentos de la regidora «blavera» de Unión Valenciana Dolores García Broch de dar con ellos en el interior de una de las criptas del convento de la Trinidad.

Ciclo de eterno retorno reaccionario españolista en el que casi cinco lustros atrás el responsable de Cultura de la Diputación de Valencia el inefable Antonio Lis peroraba con motivo de la exposición «El Cid. Historia y Mito», celebrada en 1999 en el Museo de Etnología del Centro Cultural la Beneficencia, como dicha muestra pretendía significativamente aproximar a la realidad valenciana de finales del siglo XX «la figura del Cid Campeador, sin apasionamiento ni prejuicios en uno u otro sentido, mostrando la realidad que vivió como hombre de su tiempo, sin caer en posiciones extremas, que lo muestran bien como un mito heroico, bien como un mercenario asesino y sanguinario» y que a las nuevas alcaldesas populares de Valencia y Burgos, importantes plazas del poco transitado itinerario turístico «Camino del Cid», les ha faltado tiempo para reverdecer el hermanamiento fallero existente desde 1990, ahora como «Ciudades del Cid» (Levante-EMV, 28-06-2023), más allá de la retirada de una publicación municipal de 2015 que cometía el error de bulto de confundir a la «Tizona» con la espada del rey conquistador Jaime I (L.P. 22-04-2016).

Porque finalmente aunque el «morbo ghotico» de la famosa lista de los los reyes visigodos de Toledo y sus «gardingos» como Teodomiro de Orihuela o ¿era de Riba-roja?, en feliz hallazgo periodístico de Ferran Belda (LP 28-06-2023), no parece verdaderamente haber tenido mucho que ver en la conformación del ADN de los valencianos de hoy, la Historia que viene de la mano del bloque conservador neofranquista, seguramente no dejará de maniobrar para ver en ellos y en el legendario Don Pelayo de Covadonga uno de los hitos mitológicos constituyentes de la nación española monolítica, pretendidamente impartida de nuevo como pura catequesis patriótica, casi 50 años después de la muerte del Dictador.

(*Levante-EMV, 13-07-23*)

Josep Vicent Lerma

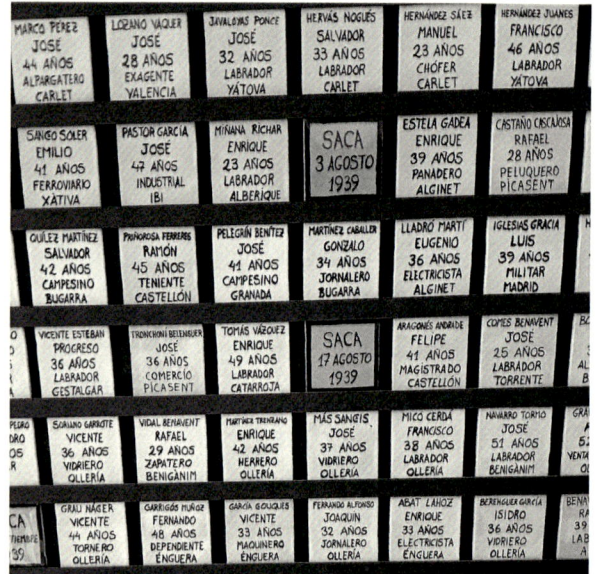

Azulejos de la memoria en la exposición
<<Les fosses del franquisme>>. Diputació de València

La pequeña Alhambra valenciana

El título de este ligero artículo de opinión veraniego podrá hacer creer a los avezados lectores de Levante-El Mercantil Valenciano que está consagrado al neomudéjar Palacio de los Condes de Cervellón de la localidad valenciana de Anna (Canal de Navarrés), pero lo cierto y verdad es que no, el objeto del mismo es el extraordinario descubrimiento de un ignoto palacio de las "Mil y Una Noches" revelado por las excavaciones en el patio trasero del Palau de Valeriola de la calle del Mar de València, dado a conocer al público por la arqueóloga Tina Herreros en el marco de las jornadas Orígenes de la Azulejería Valenciana, organizadas por el Museo Nacional de Cerámica González Martí el pasado 19 de junio y que los interesados en el bimilenario devenir de nuestra ciudad pueden volver a disfrutar en este enlace: youtube.com/watch?-v=EvvH5scV_Hs.

Feliz circunstancia que nos ahorra volver a repetir lo allí dicho y que en cambio abre la puerta a la reflexión compartida sobre el pormenor de que desde el principio los excavadores adoptaran coloquialmente la denominación de «Alhambra Valenciana» para las construcciones palatinas descubiertas, caracterizadas por una compleja estructura de patio central descubierto, bioclimáticamente orientado en sentido Norte-Sur, con celestiales fuentes estrelladas contrapuestas, formadas por dos cuadrados secantes, de azulejos esmaltados monocromos de diferentes colores, separadas por una alberca intermedia también de alizares, por las que discurría el agua vital canalizada en atarjeas, entre arriates de vegetación mediterránea y ello porque tales edificaciones evocadoras del Paraíso islámico en la tierra, irremediablemente remiten en nuestro imaginario colectivo a los palacios nazaríes de la Alhambra de Granada, Patrimonio de la Humanidad desde 1984.

Refinadas arquitecturas del agua entre las que apenas podemos encontrar paralelos formales de sus ricos alicatados cerámicos en una de las dos casas granadinas de la calle Real Alta de la medina, con alberca perfilada por losetas de barro cocido vidriadas de colores de larga tradición andalusí blanco, verde y negro o en los baños árabes bajomedievales del castillo de Salobreña, con pavimentos recubiertos de azulejos esmaltados claros y oscuros alternos.

Maravilla arquitectónica que desde el punto de vista académico de la Historia del Arte no deja de interpelar al rompecabezas intelectivo que supone aún el establecimiento del preciso momento histórico del insólito nacimiento en la mediterránea urbe valenciana de tan sofisticado lenguaje edificatorio áulico y su prelación, cuyos códigos geométricos y secretos de alarife originales parecen encontrarse entre los primeros constructores de los pabellones regios de la dinastía nazarita, en la roja colina de la Sabika granadina, cuando no en la reelaboración de los mismos en otros poderosos focos mudéjares de la Península Ibérica.

Ensoñación de una cálida noche de verano, en la que finalmente puestos a fabular despiertos al hacendado titular de una tal mansión paradisíaca no puede pasarse por alto, a modo de hipótesis, el hecho de que en la segunda mitad del siglo XIII, en la olvidada Judería de la capital del Reino de València ya existieron adelantados y prohombres de fabulosas riquezas como el financiero del rey Jaime I Yehudá de la Cavallería, también Baile de la ciudad en el año 1276 o el posterior plutócrata cortesano judío Jafuda Alatzar.

(*Levante-EMV, 07-08-23*)

Josep Vicent Lerma

La pequeña Alhambra valenciana (II)

La curiosidad histórica suscitada entre lectores amigos e investigadores por la publicación el pasado 7 de agosto en la sección de Opinión «En Profundidad» de Levante-El Mercantil Valenciano de la primera entrega de este artículo sobre los ricos hallazgos arqueológicos de la «Pequeña Alhambra Valenciana» descubierta por la experimentada arqueóloga Tina Herreros, efectuados en el patio posterior del rehabilitado por el conocido estudio de arquitectos ERRE Palacio de los Valeriola del castizo *Carrer de la Mar*, nos ha espoleado a consultar la acreditada opinión profesional de historiadores, arqueólogos y arquitectos especializados en el apasionante devenir secular de la cultura y el arte de Al-Ándalus.

En este sentido, no nos duelen prendas en reconocer que las hipótesis vertidas sobre los modelos arquitectónicos originales o fuentes artísticas en los que pudieron beber probablemente los alarifes de este desconocido palacio valenciano, vecino del antiguo complejo monástico de la orden de San Juan del Hospital, son deudoras en todo de los conocimientos y años de investigación en la materia del doctor Julio Navarro Palazón, experto en arquitectura islámica y miembro de la Escuela de Estudios Árabes de Granada (CSIC), que nos reveló que muy probablemente se trate de una obra realizada después de la conquista cristiana de la ciudad, en el último tercio del siglo XIII o principios del XIV, en la que ya se observan las innovaciones aportadas por el primer arte nazarí, llegado a Valencia a través de las ricas reelaboraciones que en esas fechas venían haciendo los talleres mudéjares del foco toledano.

Sofisticadas edificaciones palatinas recreadoras sensu lato del Paraíso Islámico en la tierra, a las que además de las casas de la calle Real Alta de la medina de la Alhambra mencionadas con anterioridad, ahora podemos sumar las atarjeas canalizadas de alicatados dispuestos en espina de pez del patio ajardinado del «Castell Formós» de Balaguer (Lleida), mandado edificar según el arqueólogo Josep Giralt por el conde de Urgel entre 1348 y 1408 o los florones de lacería del pavimento del claustro del monasterio de Poblet, estudiados por don Manuel González Martí en su monumental obra bibliográfica «Cerámica del Levante Español» (1952).

Así como los estéticamente paralelos vestigios de espacios abiertos ajardinados similares, igualmente evocadores del célebre Patio de los Arrayanes, fechados en el siglo XIII que han visto recientemente la luz en las excavaciones del Consorcio de Toledo en el ámbito del Corral de Don Diego o Palacio de los Trastámara, junto a la «*qubba*» del llamado Salón Rico, con una lujosa alberca de alizares en forma de alfardones y otras figuras geométricas barnizadas con vidriados de alfarero de tonos negros, blancos, verdes o rojizos (La Tribuna de Toledo, 26-06-2023).

Por último, no podemos terminar estas apresuradas líneas caniculares sobre estas deliciosas arquitecturas de aromas islámicos con juegos de aguas halladas bajo la *Casa dels Valeriola*, a la espera de la apertura de sus puertas como futuro centro de arte «Hortensia Herrero» el próximo 11 de noviembre (Levante-EMV, 06-07-2023), sin evocar las sugestivas palabras del rey poeta Al-Mu'tamid de Sevilla: «El surtidor ha desenvainado para nosotros el sable de su agua, escondido a las miradas en su funda. El la ha marcado con su huella profunda y ha adornado una de sus caras; si se hubiera congelado, el sable hubiera podido ser un sable indio».

(*Levante-EMV, 15-08-23*)

Josep Vicent Lerma

Indiana Jones en busca de la València perdida

El pasado día 26 de octubre de 2023 publicaba el veterano periodista Jesús Civera el análisis titulado «*El acento y el cemento*», donde reflexionaba sobre la aparente inmutabilidad del útero de la Valencia servil de *El Palleter* que une el nuevo ciclo retrotópico de políticas evidentes de ultraderecha del actual Pacto del Salón de Cristal y las implementadas en su día por el célebre Pacto del Pollo, ya incubadas en lo que a asuntos lingüísticos e identitarios vernáculos se refiere en el pionero nido de serpientes de la regidora "perseguidora de acentos" de Unión Valenciana Dolores García Broch durante el primer gobierno municipal de Rita Barberá (1991-95), en línea con nuestro anterior entrega «*El día de mañana de la historia*» (Levante-EMV, 13-07-23).

En este orden de cosas, parafraseando a Joaquín Sabina también lo niego todo en cuanto a la tesis de Joan-Carles Martí en su "*Indiana Jones, no te queremos*" (Levante-EMV, 30-10-23) de que los últimos descubrimientos de restos de la muralla islámica probarían una supuesta falta de interés de los valencianos sobre su pasado primigenio y ello sobre lo relativo de la base de si nos referimos a momentos históricos muy remotos, como ha sostenido este mismo septiembre el secretario perpetuo de la RACV José Aparicio que la cuna del valenciano fetén se remonta a «*la más profunda prehistoria valenciana*», objeto de la pulla magistral de Francesc Viadel «*El Visente Sapiens i la cova del valenciano de la calle*» (La Veu, 2-10-23), los orígenes de los legionarios itálicos de Corfinio primeros pobladores de Valentia en el 138 a.C., los *Paeligni* del arqueólogo Albert Ribera o más cercanos en la memoria del común de nuestras gentes, como la restauración arquitectónica de tres de los refugios antiaéreos de la Guerra Civil por los gobiernos municipales de la Nau y el Rialto, premiada en 2022 con el galardón de *Europa Nostra*, la exhumación de las Fosas del franquismo del cementerio de Paterna, metamorfoseada por L'ETNO y el Museo de Prehistoria de la Diputación de València en sendos emotivos montajes expositivos en la *Beneficència* para la recuperación de la memoria democrática colectiva y la reparación moral del recuerdo de las personas allí fusiladas (1939-1956) y sus familiares o los últimos laureles populares de la Asociación de Vecinos de Patraix con motivo del 75 aniversario del Servicio de Investigación Arqueológica Municipal (1948-2023). A sumar a la anterior distinción al SIAM de la Junta de *Ciutat Vella*, la de la Asociación para la Recuperación de Centros Históricos de España (ARCHIVAL) al museo histórico de la Almoina en 2009 o el propio Premio Importante de Levante-EMV.

Sin olvidar las excelentes exposiciones temporales de este mismo museo de la Almoina sobre las últimas restauraciones de hallazgos arqueológicos « *Renàixer* » y la pétrea « *Tota pedra fa paret* ».

Por último y por todo ello, el dial del destino podría girar de nuevo en estos años venideros en la ciudad del Grial y de la antológica « arqueología en manos de los zahoríes » de Ferran Belda, escudriñadores frustrados de las entrañas del monasterio de la Roqueta en pos del santo mártir Vicente (Levante-EMV, 10-11-2002), si no ya en forma de nuevas rebuscas necrofílicas de huesos de otros valencianos ilustres como Ausiàs March o Luis de Santángel, vitriólicamente reprochadas entonces por el edil Feliciano Albadalejo en su celebrado *«Indiana Broch y la tumba maldita»* (Levante-EMV, 30-12-1993) o de recuperación y reconstrucción, siquiera sea parcial, de los vestigios del demolido en 1810 Palacio del Real, propuestas por historiadores como Vicent Baydal y Lluis Mesa (El Confidencial, 12-02-23), en detrimento de los árboles de la devoción del recordado profesor Grisolía, sino tal vez cavando y cavando más fondo en busca de "València antes de Valentia" (Levante-EMV, 18-05-13), esto es la mítica Tyris ibérica prerromana del periplo de la «Ora Marítima» de Avieno, en enclaves periurbanos cercanos al terraplenado parque de la calle Ruaya, erróneamente vislumbrada, a mediados de los años cuarenta, en una jarrita carenada de cerámica del tipo gris ampuritana por el erudito Nicolau Primitiu en las excavaciones para la ampliación del antiguo palacio de la Generalidad (Archivo de Prehistoria Levantina, 2. 1946. Fig. 20).

(*Levante-EMV, 14-11-23*)

Josep Vicent Lerma

Endecha sefardí de Valensia

El pasado día 2 de diciembre tuve la satisfacción de impartir la ponencia «Las Huellas del Judaísmo Valenciano revisitado» en el marco de la almazara del Monasterio de Santa María de Valldigna, dentro del programa de las *III Jornadas Internacionales: Juderías y Judíos en la Antigua Corona de Aragón*.

Tras escuchar la conferencia del medievalista José Hinojosa Montalvo, nuestra contribución pretendía una aproximación al registro arqueológico de las comunidades judías en las tierras valencianas a lo largo de los últimos dos milenios.

En este sentido más allá de los sortilegios de plomo de la antigua Saguntum con invocaciones a *Iau*, por nuestra parte optamos por subrayar en primer lugar los avances de la investigación sobre estos grupos orientales en Hispania gracias a los trabajos de Alexander Bar Magen.

Pasando seguidamente a describir las excavaciones de los años 90 en el *Fossar dels Juheus* de València y el traslado final de sus restos al cementerio judío de Collserola (Barcelona) (Levante-EMV, 17/04/1996).

Para dicho lo cual y tras dar la primicia del hallazgo por primera vez en la capital del Reino de Valencia de trozos de lamparillas rituales *"Januquiot"* del siglo XIV (Levante-EMV, 8-05-2019), sin solución de continuidad comenzar la descripción del recinto de la vieja judería valenciana, ya propuesto por Rodrigo Pertegás en 1913, en torno al eje urbano de la calle del Mar, con sus diferentes portales, carnicerías, tafureria y sinagoga mayor emplazada frente al palacio de los Valeriola.

Centrándonos a continuación precisamente en los importantes trabajos arqueológicos del subsuelo de dicho palacio ubicado en el número 31 de la misma, en pleno corazón del barrio judío del medioevo, preceptivos para la habilitación del Centro de Arte Hortensia Herrero (CAHH), dados a conocer por su excavadora profesional Tina Herreros en las recientes Jornadas sobre los Orígenes de la Azulejería Valenciana organizadas por el Museo Nacional de Cerámica el pasado 19 de junio, presentando al público una excepcional casa de patio central con al-

berca y dos fuentes estrelladas de alicatados, de neta inspiración arquitectónica nazarí, conocida popularmente como "La Pequeña Alhambra
Valenciana" y a la que he dedicado sendos artículos periodísticos en
estas mismas páginas (Levante-EMV, 7-08-2023 y 15-08-2023).

En este orden de cosas, tras consultar con diferentes expertos, entre
ellos alguno de la propia Escuela de Estudios Árabes de Granada, el
análisis de paralelos arquitectónicos de la mansión valenciana desente-
rrada en el CAHH, explicada provisionalmente por sus descubridores y
a falta del definitivo estudio de gabinete como una casa islámica de los
siglos XII-XIII, nos remitió en cambio, entre otros, al palacio sevillano
de Don Fadrique, hijo de Fernando III el Santo, levantado entre los
años 1250-60, cuyo paño superviviente de yesería decorado con lacería
geométrica de a ocho resulta ser muy similar al descubierto en 1986 en
las excavaciones de urgencia del Palacio del Real de València, también
con huellas de una fuente de pileta octogonal, cuyas basas de columnas
con molduras de tipología medieval cristiana estudiadas por nosotros
junto con P. Cressier igualmente fueron fechadas en el siglo XIII, facul-
tando la interpretación ahora de la *Casa dels Marbres* como el resultado
de las obras que el rey Pedro III el Grande mando ejecutar allí a su
custodio el judío Vives Aben Vives hacia 1280.

Todo lo cual y a modo de corolario de nuestra presentación en estas
III Jornades de Valldigna configura pues un nuevo horizonte construc-
tivo de estilo mudéjar, fechable entre el último tercio del siglo XIII y
el siglo XIV, inédito hasta ahora en la historia de la arquitectura del
Reino de València, en el que el legado cultural judeo-sefardí parece ser
protagonista.

Razones todas ellas por las que creemos que el rumor de las perlas de
agua de las fuentes de la extraordinaria vivienda encontrada bajo el *Palau de Valeriola* no pudo ser escuchado por el Haçach Habinbandel del
Llibre del Repartiment, emigrado forzosamente después de la conquista
de Jaime I en 1238, como se pretende en la disonante museografía del
CAHH, en tanto en cuanto probablemente se trataría en realidad de una
posterior residencia áulica, mimética de las arquitecturas del poder de
la Alhambra, monumentalizada en su última fase como albergue de un
personaje judío de alto rango social como el baile de Valencia en 1276
Yehudá de la Cavalleria, el propio Vives Aben Vives o el cortesano de
la reina Leonor Jafuda Alatzar.

Por último, en mi opinión como arqueólogo la solución del estudio de arquitectos ERRE de impostar en el pavimento del patio del Palacio de Valeriola dos yermas estrellas de ocho puntas, no alcanzaría los parámetros formales de la excelencia en su repristinación edilicia, habiéndose perdido en definitiva una oportunidad histórica única de puesta en valor del acervo de la olvidada Judería de *Valensia,* al modo del jardín de aliceres del palacete del también judío «Contador Mayor» del rey de Castilla, perfectamente integrado arquitectónicamente en el existente Palacio de Altamira de Sevilla.

(*Levante-EMV, 27-12-23*)

Josep Vicent Lerma

Patio del palacio de Valeriola.
Centro de Arte Hortensia Herrero (CAHH)

El pie de la calle de la Libertad

El artículo de prensa del pasado 21 de enero «*Los pies del Turuñuelo*: *de Grecia a Extremadura hace 2.500 años*» no ha dejado de recordarnos también el descubrimiento en València de un solitario e inédito pie de escultura romana en el subsuelo de la parcela en la que hoy se levanta el edificio de los grupos parlamentarios de las Cortes Valencianas, donde la arqueóloga de bendito recuerdo Concha Camps excavó en el año 2009 veinte metros de losas de la Vía Augusta o tal vez del cardo resignificado como Vía Sacra (Levante-EMV, 15-01-2024), entre las calles del Salvador y de la Libertad.

En este orden de cosas y en concordancia con nuestras anteriores entregas periodísticas sobre objetos antiguos singulares desechados en las entrañas de la milenaria ciudad de València «*Relato apócrifo de una mayólica* » (Levante-EMV, 23-07-2019), «*El celadón Song de València*» (Levante-EMV, 13-10-2022) o «*El botón francés*» (Levante-EMV, 26-02-2023), pretendemos ahora, en paralelo con el 75 aniversario de la fundación del Servicio Arqueológico Municipal (Siam), dar a conocer esta menuda reliquia escultórica de la Antigüedad.

Se trataría de la porción rota de un basamento plano o peana, sobre la que el lapicida modeló finamente en bulto redondo la figura de un firme pie humano derecho, sin calzado alguno, de unos siete centímetros de longitud, en el que se han conservado parte del tobillo con el maléolo externo indicado y al menos cuatro dedos, de falanges de estilo naturalista, en los que el cincelador no ha escatimado el detalle innato de las mínimas uñas incisas.

Hallazgo que al margen del de la conocida diosa Fortuna en 2007, popularizada como la Dama de la Boatella, a la que dediqué el suelto «*Qué fue de la dama de la Boatella*» (Levante-EMV, 23-11-2008) o el del atleta surgido en 1899 en los trabajos urbanísticos de apertura de la haussmaniana calle de la Paz, enlazaría con la noticia de la aparición en abril de 1984 del Hermes báquico de la actual plaza de la Reina, reportada en el periódico quincenal de información urbana 'La Ciutat' por un colectivo entonces equipo de excavaciones compuesto por los arqueólogos municipales, Asunción Fernández y Mª Jesús de Pedro.

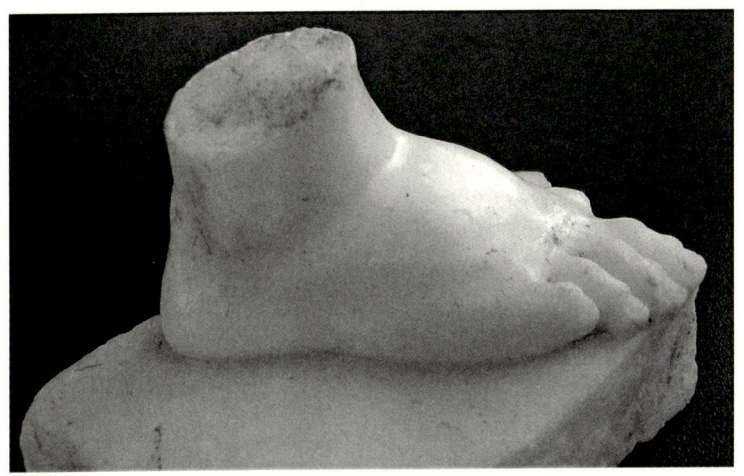

Pie de estatua romana. Calle Libertad

Piezas de oficinas lapidarias altoimperiales de los primeros siglos de nuestra era común entre las que la pequeña extremidad de la calle de la Libertad, labrada al parecer en pulido mármol blanco hispano, tal vez lusitano o de las canteras malacitanas de la Sierra de Mijas, pertenecería probablemente a la representación estatuaria desnuda, de tamaño inferior al natural, en torno al metro de altura, de una deidad masculina del panteón romano como pudo ser el dios Apolo o el propio Dionisos, de los que se conservan el magnífico bronce de Pinedo y el Baco de Aldaia (Levante-EMV, 25-01-2023).

Por todo ello y a modo de corolario final, no podemos terminar estas líneas sin reseñar como 2.000 años atrás este mínimo resto de estatua pagana pudo adornar el peristilo de una mansión patricia de Valentia, del estilo de la *domus de Terpsícore*, excavada bajo el cercano hemiciclo de *Les Corts Valencianes* o algún santuario romano periurbano (sic) (Levante-EMV, 28-01-2024), como literalmente el controvertido templo de época republicana hallado en la plaza del Marqués de Busianos (Levante-EMV, 15-01-2024), publicado en 2003 por sus excavadores como un monumento funerario templiforme.

(Levante-EMV, 05-02-24)

Josep Vicent Lerma

Nihil obstat imprimatur

Acabat d'imprimir el dia
19 de desembre de 2024.
693 anys després de l'inici de
la revolta encapçalada per
Francesc de Vinatea